El lugar de las sombras
El cine hermético en Hollywood

Guillermo Mas Arellano

www.archivosvola.es

En portada: Fotograma de *El árbol de la vida*,
película de 2011 dirigida por Terence Malick

© Archivos Vola, Madrid, 2024

ISBN: 978-84-128026-4-1
Depósito legal: M-6232-2024

Impreso en España

Fotograma de *3 Women*,
película de 1977 dirigida por Robert Altman

Para Marta, escultora del tiempo, gracias a cuya mirada he descubierto que la luz no sólo existe dentro de la pantalla

EL LUGAR DE LAS SOMBRAS

Títulos de crédito

Al rebobinar el metraje íntegro del propio cine, tomado como totalidad, nos adentramos de lleno en el corazón de la oscuridad, atravesando un umbral orientado hacia las tinieblas que abre la visión estroboscópica incluso la alucinación hipnagógica, para mejor encontrarnos en ese punto muerto con la luz más inesperada. Es lo que nos ilumina: haciendo que el ciego vea cuánto le estaba vedado, reduciendo la percepción normal a una ceguera sapiencial que abre el mundo interior a una experiencia visionaria insólita.

Todo se reduce a la mirada. Saber mirar, saber renunciar a hacerlo, la iluminación en penumbra: de Homero a Borges, pasando por Milton. Mirar o no mirar: de eso se trata. El cine como puerta a la oscuridad, el lugar de las sombras. La cámara, el proyector o la pantalla como maestros de iniciación. Cualquier conocimiento sapiencial pasado o futuro se reduce a una única verdad: es el poder de esa imagen atemporal abierta a nosotros.

Nuestra capacidad para decidir si queremos tener los ojos abiertos o cerrados. Como ocurre con el Fruto Prohibido: siempre acabamos por mirar; y en esa iluminación también va implícita la muerte. Al fin y al cabo, ese eso lo que nos hace humanos, más que otra cosa que podamos imaginar. Aquello que nos acerca y nos aleja, al mismo tiempo, de la divinidad.

Así es que no mires hacia atrás y cumple de una vez con tu Destino, porque antes de que nacieras ya estaba inscrito en el material inmarcesible que forja todas las imágenes en las que chapotea esa gigantesca mente compartida.

Un fotograma es un mundo abierto a la imaginación. La totalidad de sus elementos concretos están grabados en una eternidad donde los muertos sueñan a los vivos para distraerse de los ritmos cósmicos. Como un sueño ajeno dentro de nuestro propio sueño, cuya riqueza inagotable jamás dejamos de interpretar.

Escrutamos sombras en penumbra, nos asomamos a abismos que a su vez nos contemplan desde una distancia insondable. Cualquier superficie es un Teatro de la Memoria abierto a la mirada de nuestra psique, y por ende es capaz de alimentar la incandescencia interior que se alumbra con los dudosos reflejos que proyectan las luces del exterior sobre una sábana blanca y resplandeciente: el alma.

Nuestra ánima se construye a partir de la mirada, en la contemplación profunda que indaga más allá de la superficie, decidiendo una y otra vez qué es aquello que merece ser mirado. Porque para aquel que sabe mirar, la superficie del mar o la densidad del cielo son infinitas; y, sin embargo, no todos los símbolos forjados en la arena ni todos los versos tatuados en las nubes están hechos para perderse; de hecho, siempre permanecerán. Como todo lo evidente, pretenden insinuar más de lo que parecen decir a simple vista, incluso más de aquello que estamos capacitados para entender.

No basta con asomarse a esa puerta para correr a despreocuparse después: hay que cruzar el umbral delimitador que diferencia entre lo profundo y lo vertical. Al fin y a la postre, nosotros –el alma propia– nos definiremos en relación a esa vastísima jerarquía de significados abiertos.

Estamos demasiado ocupados atendiendo a la información como para asimilar la verdadera sabiduría. Entregados a un sinfín de pantallas y distracciones que nos impiden mirar la realidad con la debida atención. Debemos dejar de ver para aprender a Ver con más claridad de la evidente.

Fundido en negro

¿Qué es el cine? Con toda probabilidad la última forma artística significativa alumbrada desde Occidente, en pleno Fin de los Tiempos. El cine, además, es un gran lector de la cultura previa y del arte, por lo que, a partir de su trayectoria, se puede reconstruir, en síntesis inmejorable, la historia cultural occidental retomando las grandes obras que, precisamente, se encuentran expulsadas del imperio académico y comercial de "lo *mainstream*", y que a cambio demuestran poseer un valor estético superior al de lo actualmente canónico y encumbrado.

Lo mismo sucede con el propio acto de ver películas, habitualmente denostado incluso entre los más asiduos practicantes, aunque entre sus seguidores resplandezca una pequeña minoría gnóstica capaz de encontrar el verdadero significado oculto de aquello que Jesús Palacios llama "pantalla esotérica". La sala a oscuras, en silencio y en compañía anónima de otros conciudadanos, como último rito de recuperación de lo sacro... por una civilización que marcha, en franca decadencia, hacia su descalabro.

Buena parte del imaginario occidental ha sido reinterpretado en el cine, incluyendo esos símbolos fundamentales de los que hablaba René Guénon, que no son otra cosa que soportes materiales y operativos de una única Verdad metafísica. De la tragedia ática a las tragicomedias barrocas, haciendo especial hincapié en lo siniestro y lo grotesco que adquiere nuevos significados después del Romanticismo alemán y del simbolismo francés, nada escapa al hambre omnímoda del celuloide.

Ningún arte anuda las bajas pasiones y las más altas aspiraciones de los hombres como el cine; en él, lo inconsciente y lo espiritual se confunden hasta resultar imposibles de diferenciar en muchas ocasiones: una película de serie B puede resultar tan rica en significados como una complejísima pieza musical de J.S. Bach. Son esas "pálidas y monstruosas alucinaciones que emergen en los rincones del cerebro" mencionadas por Huizinga con relación a "las fantasmagorías de la genuina fe popular". Del claroscuro de Caravaggio a las pinturas negras de Goya, sin olvidar a la madre más directa del cinematógrafo, la hipnosis, o a su hermano cainita, el psicoanálisis, y esos otros camaradas generacionales más fraternales, el surrealismo, el expresionismo y demás vanguardias, el cine es una puerta secreta de acceso al significado profundo que esconden nuestros sueños.

El positivismo jamás podrá alumbrar el rostro de Dios, que no está al alcance de la mera Razón o del simple irracionalismo, puesto que se encuentra sumido en un plano suprarracional. Contra el iluminismo y la Ilustración que nos reducen a un plano empírico y racional, arrebatando con ello toda posibilidad de verdadera iluminación en el hombre, el cine trae verdadera luz a la más cruenta de las épocas: cuyos jalones más memorables son Kolimá, Auschwitz e Hiroshima. Solo en esa sucesión de 25 fotogramas por segundo creada para la persistencia retiniana queda fielmente transcrito el lenguaje de los sueños. Únicamente el cine puede "esculpir en el tiempo", porque es el único medio capaz de aunar extensión y duración; un medio nacido del siglo en el que se descubrió que el espacio es tiempo, y que el tiempo es relativo.

El cine nos ayuda a integrar nuestra propia Sombra junguiana desde una perspectiva personal e histórica, superando toda moral maniquea, convirtiéndonos en voyeurs de nuestra propia perversidad enferma. Invoca lo dionisíaco, la aparición nocturna de las máscaras y los monstruos, para mejor expulsar al dominio positivista que amenaza con convertirnos en autómatas, y al puritanismo que ambiciona reducirnos a peleles morales.

Nada resulta más efectivo que el rito cinematográfico para detener tanto el desencantamiento exterior del mundo como la desertización espiritual interior del hombre, por medio de la actualización efectiva de una verdad atemporal antaño contenida y transmitida por medio de símbolos y mitologemas. Es, en palabras de Faretta, la quintaesencia de la máquina empleada contra la máquina. El mejor ejemplo de la voluntad humana imponiéndose, desde un plano espiritual, sobre la técnica que amenaza hoy más que nunca con cosificar al hombre.

En una época gnóstica, tal y como lo es la Modernidad acuñada por Baudelaire, el cine presenta los mismos elementos ocultos a ojos de la mayoría que encontramos en las catedrales, al menos según los alquimistas franceses Jean-Julien Champagne y René Schwaller de Lubicz, más conocidos bajo el pseudónimo de "Fulcanelli", dejando para conocimiento de una minoría su verdadero significado inscrito en aquello que se ha erigido para deleite y regocijo de todos, donde sólo los iniciados sabrán encontrar los símbolos, aunque esa diferenciación entre un plano exotérico y esotérico en lo que es evidente para cualquiera no implique que la mayoría ignorante se quede fuera de la salvación espiritual generosamente ofertada por el *Opus Magnum* esculpido ora en piedra medieval, ora en moderno celuloide.

Todo aquello que denominamos bajo el epígrafe de hermetismo puede ser resumido en una sola frase, contenida en un libro medieval llamado *Tabla de Esmeralda*, inpsirado en el nombre al dios-mensajero Hermes-Mercurio: "lo que está abajo es como lo que está arriba" (y viceversa); de la misma manera, podemos afirmar que en el cine lo que está más acá de la pantalla es idéntico a aquello que está al otro lado, logrando con ello la célebre coincidencia de contrarios entre microcosmos y macrocosmos. Hermes

Trimegisto, llamado el "tres veces muy grande" e identificado en algunas ocasiones con el dios egipcio Toth, es el padre de esa y muchas otras enseñanzas que, como los propios símbolos y mitologemas actualizados por el cine operativamente, aluden a una única verdad trascendente situada más allá del tiempo: *sophia perrennis*.

En *El libro de Toth*, un texto achacado al propio mensajero de los dioses, encontramos las mismas imágenes inspiradas en los jeroglíficos que componen una serie de arquetipos fundamentales descifrables por medio del empleo de la piedra de Rosetta. También los símbolos admirables por todos, pero cuyo significado está al alcance de una minoría, requerirán en el cine de una rigurosa labor de interpretación. De Simón el Mago a Éliphas Lévi, pasando por el santo Dionisio el Areopagita, amén de cabalistas, gnósticos, esotéricos y alquimistas, sin desdeñar a autores como Marsilio Ficino, John Dee, Pico Della Mirándola, William Blake o Emanuel Swedenborg , la influencia de ese conjunto de textos aparecidos a mitad del siglo XII y atribuidos a Hermes es incalculable: todas las artes y todas las religiones tienen un trasfondo esotérico en buena medida coincidente que es heredero de sus enseñanzas; y, por supuesto, también ha marcado una forma de entender el cine a la que nos vamos a referir aquí.

Es natural, por lo tanto, que volvamos a la pregunta planteada tiempo atrás por Guénon: "¿Por qué se encuentra tanta hostilidad, más o menos confesa, respecto al simbolismo?". Y su respuesta, hoy más certera que nunca: "Ciertamente porque es un modo de expresión que se ha convertido en algo por completo ajeno a la mentalidad moderna, y porque el hombre está naturalmente inclinado a desconfiar de aquello que no entiende. El simbolismo es todo lo contrario de lo que le conviene al racionalismo y todos sus adversarios se comportan, algunos sin saberlo, como auténticos racionalistas".

Nuestra relación con las imágenes facilita aquello que Platón llamaba "reconocimiento", Leibniz "apercepción" y el propio Faretta llama "autoconciencia". La representación conduce a la anagnórisis o recuerdo por medio de la autoconciencia y, a través de la expiación, literalmente cura al espectador. Así lo escribió, una vez más, Guénon: "El símbolo es un signo de reconocimiento". Platón diferenciaba el "mundo en sí" o "de las ideas" del mundo sombrío de las representaciones; Baudelaire distinguía lo relativo a lo eterno a lo propio de lo efímero; y el cine nos ha permitido comprender por un lado lo representado y por otro la representación. Retomando el orden social extraviado en la sociedad capitalista, dominada por la figura del Mercader en un contexto nihilista, una auténtica trifuncionalidad europea que Dumézil señala en el segundo volumen de su obra *Mito y Epopeya* (1977), diferenciando, para administrar lo sagrado desde una perspectiva mundana, un héroe (mando), un brujo (magia) y un rey (administración).

La crítica cinematográfica, presa del psicologismo y de la sentimentalidad (por no hablar de perversos intereses económicos), es más tendente a valerse de términos biológicos y hasta fisiológicos que de conceptos teóricos y estéticos. Este texto pretende iniciar al lector en el conocimiento de algo más ambicioso aún que aquello que el crítico cinematográfico puede entender: la existencia de un cine hermético cuyo significado profundo es para unos pocos. Donoso Cortés afirmó que "en toda cuestión política va siempre envuelta una cuestión teológica", pero nosotros pretendemos llegar a un estadio incluso más profundo que la teología: el Misterio. Es el Misterio, por encima del cumplimiento de cualquier rito instituido o dogma establecido, lo que nos aproxima al Reino de la Luz.

Para alcanzar la iluminación hace falta realizar antes una catábasis como la que Virgilio pone en boca de Caronte: "Éste es el lugar de las sombras, del sueño y de la noche". Ningún arte ha permitido dentro del mundo contemporáneo, como el cine, el acceso a ese Reino de la Luz, entendido como realidad metafísica inmutable, por medio de la manifestación epifánica de lo sagrado: aquello que es ingobernable para la razón y que, por medio del *numen* o la "hierofanía", encarnan lo sagrado y lo representan cinematográficamente, de forma operativa, empleando símbolos y mitologemas. La fantasía, por medio de una representación no-mimética, se abre, en subgéneros como el terror o la ciencia-ficción, hacia esa concepción atemporal de la representación artística que permite actualizar todo aquello que la marcha imparable –y, por eso mismo, suicida– que el Progreso pretende dejar atrás.

Se trata, en definitiva, de reivindicar esa "danza macabra" del espíritu de la que Stephen King hablaba como "campo especializado en la muerte, el temor y la monstruosidad": precisamente aquello que, como han demostrado Robert Graves o Camille Paglia, se ha querido reprimir (especialmente en lo referente a lo femenino), como la sexualidad desbordante de Hollywood ya desde sus inicios, y que ha sobrevivido en la cultura popular durante siglos. Eso que el mito ilustrado del Progreso, en consonancia con la idea capitalista del Espectáculo (Debord) y su posterior conversión en Simulacro (Baudrillard), ha querido eliminar por medio de la educación, primero, y el entretenimiento, después.

En ese sentido, se retoma lo trágico, lo barroco, lo nocturno, lo dual: una sacralidad que pretendía ser expulsada de Occidente. Algo que coincide con lo expuesto por Eugenio Trías en su estudio del cine ("lo siniestro constituye condición y límite de lo bello"), retomando a Schelling ("Aquella suerte de espanto que afecta las cosas conocidas y familiares desde tiempo atrás") y a Freud ("lo extraño inquietante"). Ya desde sus primeros años el cine viene marcado por este extraño simbolismo: Georges Méliès era un mago de oficio y el apellido de los hermanos inventores del cinematógrafo, los Lumière, significa, literalmente "luz". El cine es, dentro del Mundo Moderno, una poderosa luz que brilla en un firmamento dominado por una imponente mancha de oscuridad perpetua.

El idioma de los pájaros

Ningún arte, como el cine, ha conocido en tan poco tiempo tantas evoluciones y revoluciones; ni, en parte por ese motivo, amén de por su capacidad de influencia, ha sido sometido a tanto control y censura. De los totalitarismos a las democracias parlamentarias, siempre con la esquiva presencia vigilante de los productores y los empleados estatales, a lo largo del siglo XX y lo que llevamos del XXI se ha querido mantener bajo control la capacidad transformadora de este arte sobre la psique humana; ya que esa misma capacidad puede invertirse para crear tanta esclavitud como liberación en sus espectadores, resultando capaz de hipnotizar y de despertar a partes iguales.

El cine es mucho más que una simple herramienta subversiva: es capaz de crear una realidad alternativa en nuestras almas. Todo aquello que los antiguos decían de la música es, hoy por hoy, aplicable al cine hermético. Es la recuperación del "lenguaje de los pájaros", al que aludía el poeta sufí de origen persa Fârid ud-Dîn 'Attâr, que nos permite pasar del Nigredo al Albedo, esto es, del cuervo negro al cisne blanco, por medio de la transformación mística que, en este caso, se abre por medio del reconocimiento cinematográfico. La *prima materia* se transforma a través de la identificación con los distintos *imagos* representados en pantalla. Es el Águila que vuela alto, el Fénix que resurge cíclicamente de sus cenizas, elevándose por encima de su condición material y exclusivamente corpórea, en lo que dura una película.

El cine puede ser empleado para llevar a la salida del laberinto a aquel que, guiado por el hilo de Ariadna, contempla una película, o bien para llevar al espectador a los rincones más oscuros de la caverna platónica. Un Ser Transfigurado por medio del Amor y del Reconocimiento. El empleo de la hipnosis y de la ilusión puede generar autómatas por medio de la manipulación de emociones o trazar una alegoría barroca del espejo dentro del espejo, para generar una metarreflexión en la persona que se enfrenta desnuda a su metraje: autoconciencia. La diferencia entre un extremo u otro de la autoridad fílmica depende, una vez más, del estilo, que es la manifestación más evidente de la intencionalidad y de la operación simbólica por parte de los creadores de un filme.

Muchas veces la ciencia ha caído en el mismo fanatismo de la religión. El culto al dinero imperante en nuestros días tiene su correlato en un culto tecnocientífico de los avances materiales. En buena medida se puede decir que la ciencia que ha querido usurpar su lugar en la Modernidad ofreciendo interpretaciones cerradas de todo: tanto de aquello que le compete como de aquello que inevitablemente se escapa a sus posibilidades; y la psicología reclama para sí el estatus otorgado por el cientificismo. Vanas tentativas que señalan una constante innegable en la Historia: la estupidez humana en general y la vanidad de los hombres poderosos en particular. Nada demasiado original, entonces. No querer afirmar una Teoría del Todo no significa que se esté afirmando la Nada, necesariamente. Sólo que no se quiere renunciar a la duda, al escepticismo y a la incertidumbre como principios fundamentales en la comprensión de la experiencia humana. Ni, por supuesto, a lo que se encuentra más allá de estos principios: el Misterio.

Para Tarkovsky ningún concepto debe cerrar la estimulación primera que nos provoca el arte. Como dejara apuntado Valery, "No es nunca el autor el que hace un 'obra maestra'. La obra maestra se debe a los lectores, a la calidad del lector". Nuestra percepción no debe ser esclavizada por la interpretación. El idioma de la imaginación y el tejido lírico de las imágenes escritas o filmadas resulta mucho más profundo que cualquier diatriba dialéctica. Si algo demuestran las anotaciones tomadas por Sven Nykvist durante el rodaje de *Sacrificio* (1986) es que el cineasta ruso dejaba una gran parte de su trabajo al azar. Ese componente de inconsciencia, caro al expresionismo abstracto, de sugestión y de sueño, es precisamente aquello de lo que emana la emoción por la cual amamos el arte más allá de todas las interpretaciones. Algo que ha llevado a que muchos desprecien la obra del director ruso y a que traten de ridiculizarla sin entrar dentro de su compleja red interna de imágenes.

Lo que en buena medida obtiene su respuesta dentro de la propia obra del director ruso o de otros hermanos espirituales como Víctor Erice; puesto que ni la niña de *Stalker* (1979), nacida en los albores de La Zona, ni la niña aterrorizada con las imágenes del monstruo de Frankenstein en *El espíritu de la colmena* (1973), son otra cosa que una invitación a alejarnos, en cuanto que espectadores, de la interpretación cerrada ofrecida por la tribu de turno, para, en su lugar, correr a buscar la nuestra. Ante la aparición, bajo el manto de la epifanía, de lo numinoso. Es el único camino posible para concebir lo sagrado. Erice habló en una intervención pública en un sentido parecido: "El director de cine es un intermediario entre la obra y el público. Una vez acabada la película, la película pertenece a los espectadores. Son ustedes los que deben recrearla. A ustedes les pertenece".

Toda la industria del cine parece conspirar contra la realización de un arte que quiera retratar toda la polifónica complejidad de la vida bajo la apariencia de un Misterio. El testimonio de Erice sobre el fracaso de su película *El sur* (1983) así lo atestigua: "Considero el filme incompleto. Las razones de la interrupción de la película por parte del productor fueron económicas. La industria del cine es muy frágil. Yo monté lo rodado con la esperanza de poder completar la película. Llegué a un acuerdo con el productor para poder completar la parte de Andalucía. Soy un hombre del Norte que ha pasado parte de su vida en el Sur y tenía ese mito, probablemente de origen romántico, por lo opuesto, por lo contrario. Lo quise mostrar en una película: norte y sur reunidos. Fracasé. Al perder el sur perdí la dimensión moral del relato".

El viaje de Estrella, la protagonista de la película, a Andalucía, es el deseo póstumo de su padre frustrado y finalmente suicidado. Una suerte de reconciliación de opuestos: Norte y Sur. La inconclusión de la película admite una relectura metaficcional: el arte español es un gran viaje a ninguna parte. Como el propio viaje de Quijote, interrumpido por una estúpida muerte, su Destino aparece truncado por la contingencia material. Sin que eso sea óbice para alcanzar, por medio del espectador, las más altas cotas espirituales. El mundo de la Caída pertenece al Diablo; pero es en la indagación de ese "tristis abyssus" que ayuda a reconocer la hondura de los propios pecados que nace una luz redentora que resulta familiar a cualquier aficionado a las películas.

Cine poético

En noviembre de 1965, el cineasta francés Éric Rohmer atacó, en las páginas de la prestigiosa publicación *Cahiers du cinéma*, la concepción fílmica del intelectual Pier Paolo Pasolini, haciendo énfasis en la "mirada" como factor poético dentro del cine. A partir de ese momento muchos comenzaron a diferenciar entre un cine en prosa y un cine en verso. Nosotros, sin embargo, queremos desmarcarnos aquí de esas clasificaciones para, en su lugar, proponer sencillamente la diferenciación entre un cine hermético y un cine superficial.

La principal diferencia entre el cine de entretenimiento y el de arte y ensayo no vendrá marcada por la dificultad o por los temas tratados como por la *téchne*: eso que Rohmer llama, de manera metarreflexiva, la "mirada", su propósito esencial. El cine hermético es tendente a emplear la metáfora, mientras que el cine de entretenimiento es tendente a la alegoría, y esa variación, amigos, no es poca cosa: habla de la profundidad y de la complejidad de los símbolos empleados.

No todo espectador cinematográfico está preparado para cruzar con éxito el pórtico simbólico que conduce hasta el conocimiento de los elementos arcanos en una película. En algunas ocasiones, el grado de clausura es mínimo, como en las películas de Alfred Hitchcock, mientras que, en otros casos, como el de Alejandro Jodorowsky o Raúl Ruiz, la exigencia con el espectador es mayor. Aunque el componente simbólico por el cual las películas operan se encuentre presente por igual en ambos casos. Por ello debemos diferenciar, dentro del cine hermético, entre distintos estilos del mismo. De entre todos los estilos, consideramos aquí que ninguno iguala a lo que Paul Schrader llamó en un ensayo publicado en el año 1972 "estilo trascendental".

Las dos principales particularidades del cine trascendental son su manejo del tiempo en el metraje y el grado de apertura de la obra una vez es entregada al público por el realizador. Comencemos haciendo referencia al segundo punto: una obra de arte pertenece a su autor, sí, pero también pertenece a aquellos que la reciben. Si un artista quisiera cerrar su obra al momento de publicarla, ¿qué sentido tendría compartir con otros algo que únicamente se puede tomar o abandonar de manera completa?

Precisamente por eso es que el criterio subjetivo de cada lector resulta crucial a la hora de entender las obras.

Los grandes místicos occidentales de los últimos siglos, tales como Jakob Böhme, san Juan de la Cruz, Maestro Eckhart, Angelus Silesius o Friedrich Hölderlin, proponen aproximaciones esotéricas que van más allá de la comprensión ortodoxa de lo numinoso. Por lo tanto, aunque el cine hermético sea simbólico eso no significa que asimismo sea, ni mucho menos, igualmente teológico o doctrinario. Y eso es posible gracias al concepto de apertura.

El pensador italiano especializado en cultura popular y semiótica Umberto Eco publicó en 1962 un libro titulado *Obra Abierta* donde se puede leer lo siguiente: "La obra de arte es un mensaje fundamentalmente ambiguo, una pluralidad de significados que conviven en un solo significante. La poética de la obra abierta tiende a promover en el intérprete actos de libertad consciente, a colocarlo como centro activo de una red de relaciones inagotables entre las cuales él instaura la propia forma sin estar determinado por una necesidad que le prescribe los modos definitivos de la organización de la obra disfrutada".

Lo que estamos poniendo en cuestión por medio de estas citas es que el célebre monolito de la película de Kubrick pueda ser apresado en un único significado. O que el complejo nudo de juegos oníricos que el director neoyorkino dispone en *Eyes Wide Shut* (1999) sea reduci-

ble a una única interpretación. Cuando Tarkovsky fue pre-
guntado en una rueda de prensa acerca del significado del
agua en su cine, él contestó con visible molestia que el agua
no significaba nada; que simplemente estaba ahí porque a
él le resultaba sugerente. Y ese componente "arracional" de
sugestión y de sueño es precisamente aquello de lo que
emana la emoción por la cual amamos el arte más allá de
todas las interpretaciones. Porque no existe ningún hermetismo desgajado de la mística.

Todo intento por sermonear o convertir una película en
mero vehículo de transmisión ideológica o religiosa es, en
verdad, la verdadera herejía para aquello que es en realidad
el cine. Leamos a Tarkovsky en su célebre texto de 1985:
"He tenido muchas ocasiones de hablar con mis espectadores. Y muchas veces he tenido que percatarme de su
escepticismo frente a mis afirmaciones de que en mis películas no hay ningún símbolo o metáfora. Muy a menudo,
incluso con apasionamiento, se me pregunta por el significado de la lluvia. Por qué aparece en todas las películas. Y
por qué aparece siempre el viento, el fuego y el agua.
Preguntas de este tipo me confunden. Se podría decir que
los aguaceros son característicos de la región en que me
crié. En Rusia hay largas temporadas de lluvia que despier-
tan la nostalgia. Y también se podría decir que a mí no me
gusta la gran ciudad, sino la naturaleza, y que me siento
extraordinariamente a gusto cada vez que me alejo de los

logros de la civilización moderna y voy a mi casa de campo, alejada más de trescientos kilómetros de Moscú".

Las obras de arte quieren decir algo, por supuesto, pero también quieren captar una mirada para ofrecérsela a los otros. Resignifican el mundo y nos permiten entender la realidad desde una perspectiva más amplia que la nuestra. No quieren transmitir un sentido arbitrario, ni un mensaje unidireccional, sino que pretenden reproducir la perplejidad del artista ante el misterio de la vida en toda su grandeza. La niña nacida en los albores de La Zona que mueve un vaso con los ojos mientras pasa el tren o el silencio de Redmond Barry en el balcón de un palacio cuando por primera vez queda con la condesa de Lyndon son algunas de las escenas en movimiento más bellas jamás filmadas. Quien construye una iglesia, al decir de Andrés Ibáñez, se encierra dentro de ella; mientras que el arte, todo gran arte, es una puerta o un puente que nos permite emprender un camino hasta entonces vedado. También es así en el caso del cine hermético y, dentro de él, de lo que Schrader llamó "el estilo trascendental" estudiando la obra de Ozu, Bresson y Dreyer, para más tarde importar sus técnicas a un Hollywood en muchos sentidos agotado.

Para realizar una crítica de cualquier disciplina artística con solvencia se requieren nociones teóricas porque, de lo contrario, el único criterio válido es el fisiológico: lo que me ha provocado o no la obra. Pero emplear criterios artísticos tampoco debe llevar a una mutilación de lo más básico a la hora de establecer un juicio: el gusto y el sentimiento. La experiencia, en términos artísticos o espirituales, siempre debe anteceder a la intelectualización; y es por ello que nuestro esfuerzo intelectual de comprensión profunda no debe traicionar a ese primer e infantil estallido de emoción que es el gran indicador de la mayor o menor dimensión que porta cada obra. Que nuestro sistema sea "abierto", rico en posibilidades interpretativas, y no "cerrado", limitado a una única vía, es lo que nos hará más o menos limitados a la hora de comprender el complejo mundo del arte con toda su variedad de miradas, de estilos y de aproximaciones. Sin caer en el relativismo, tan frecuente en nuestros días, pero tampoco en el dogmatismo, que igualmente parece cundir multiforme en estos tiempos de derrumbe y descomposición.

La labor del demiurgo es hacer películas

Una diferencia fundamental dentro de la falsa dicotomía Rohmer-Pasolini entre cine de poesía y cine de prosa es el papel de la acción en las películas. El cine de prosa se supone que es pura narración, mientras que el cine de poesía carecería de capacidad para contar historias con facilidad. Aunque la diferenciación aquí expuesta es, una vez más, falsa, nos puede ayudar en esta ocasión para entender la particularidad de Hollywood: asienta, desde el primer momento, una relación especial entre el hombre y su entorno natural. Frente al punto de vista fijo de la poesía, el hombre de prosa conoce la realidad en movimiento. El cine y, muy concretamente, su variante norteamericana, se funda sobre un concepto bien definido de *traslatio* que inmediatamente pasa a formar parte de sus historias. Lo que se cuenta también está sometido a la misma fluidez del movimiento incesante.

T.S. Eliot escribió un texto llamado "El Bosque Sagrado" donde podemos leer: "La poesía no es una expresión de la personalidad, es una huida de la personalidad; no es un desbordamiento de la emoción, pero, por supuesto, sólo aquellos que poseen personalidad y emociones pueden llegar a saber lo que significa querer huir de ambas cosas". En sus *Cuatro Cuartetos* (1943), comienza diciendo "En mi principio está mi fin", para en otro momento concluir: "En mi fin está mi comienzo". La transformación alquímica ocurre, en el cine, por medio de la fuga: narración de acontecimientos que, mediante el montaje, se imbrican empleando un *continuum* simétrico. Y así es como queda establecida, ya desde un principio, la rígida relación espacio-temporal que rige los destinos de personajes y espectadores a un lado y otro de la pantalla. Ellos son la historia narrada y, al mismo tiempo, el narrador de la historia.

Sujeto y objeto, pues, de la transformación alquímica en marcha.

Todo es diáspora en el cine: traslado, fuga, narración, en un eterno salto hacia delante. El cine es, para Faretta, una reconfiguración de los datos tradicionales con los que opera la metafísica: un ajuste de cuentas con el Renacimiento y con el Romanticismo por parte de una cultura tradicional que permanece en diáspora desde el Otoño de la Edad Media, al decir de Huizinga, que no ha dejado de representar un cronotopo de otredad como *Alter mundus* entendido como "creación totalizadora de un mundo", a su vez delimitado por *limes* o fronteras, y que comparte una misma cosmovisión que reaparece, de manera reformulada, a través de la propia máquina que pretende impugnar. A su vez cabe recordar que el principio de *limes* o "razón fronteriza", como bien señaló Trías, lleva aparejado consigo el concepto de variación o desbordamiento de esas mismas fronteras.

Trías escribe: "Los romanos llamaban *limitanei* a los habitantes del *limes*. Constituían el sector fronterizo del ejército que acampaba en el limes del territorio imperial, afincado en dicho espacio y dedicándose a la vez a defenderlo con las armas y a cultivarlo. En cierto modo el cercado imperial tenía un carácter insular en relación con esa tiniebla y oscuridad de lo asilvestrado y bárbaro". Es una civilización nómada, un pueblo del mar, el que practica

30

con acierto el arte de la narración, eso que Rohmer llamaría "cine de prosa", mientras que el pueblo arraigado, de tierra, es el que llevaría a cabo ese cine que no sabe contar historias, en palabras de Jean-Luc Godard. El cine norteamericano existe para crear su propia narrativa: sin pasado, que se cuenta a sí misma sin tener en cuenta lo que hubo de antes, aunque se valga de sus métodos formales para hacerlo. En ese sentido apenas exige nada de sus espectadores salvo la atención, a cambio de un entretenimiento plano: averiguar el contenido de la historia ofrecida a cambio de unas monedas.

La actitud generalizada en el cine norteamericano es una actitud estrechamente vinculada al vitalismo más irreflexivo, antes basado en el desplazamiento que en la meditación. A cambio el cine de otras latitudes demanda una entrega mayor del espectador porque al mismo tiempo ofrece también algo superior para su corazón. Una narración convencional es lineal, pero una narración mítica es circular, se pliega por medio de la recursividad, vuelve sobre sí misma para mejor capturar al espectador dentro de la propia narración, porque todo lo que ocurre en la pantalla se refiere, en realidad, a ti, que ves la película, y por lo tanto no debe quedar congelado ahí.

Sólo el estilo trascendental que Schrader importaría en Hollywood tras la decadencia de la Edad Dorada en norteamérica sabrá añadir un punto esencial más adelante: el

metraje escapa de su propia ruina entregándose al espectador bajo la forma de autoconocimiento, trascendiendo así
el espacio-tiempo fijado de la narración por medio del
Misterio que se abre en el acto de mirar a aquel que mira.

Es la voz de los desaparecidos aquello que salva de la
muerte el maltrecho trayecto de los vivos. La Tradición
supone llevar al Otro con nosotros, a nuestro lado, como
parte de una cultura que no desprecia a sus muertos, a la
manera de la Modernidad, sino que los incluye de forma
determinante en su configuración, porque comprende que
ellos son tan propietarios de lo existente como los vivos.
Una vez más, Eliot escribe en su poema de 1922 *La Tierra
Baldía*: "¿Quién es el tercero que camina siempre a tu
lado?/ Si cuento, sólo estamos tú y yo juntos/ pero cuando
levanto la vista al camino blanco/ siempre hay otro cami-
nando a tu lado/ escabulléndose envuelto en un manto
marrón,/ lleva capucha y no sé si es hombre o mujer/
−¿quién es aquél al otro lado de ti?". Se refiere a la otredad
extraviada en el Mundo Moderno.

Quizás todo esto suene demasiado gnóstico para algunos; pero lo que diferencia el cine evidente del cine hermético es esa disposición de símbolos que abren al espectador
un horizonte de trascendencia espiritual por medio del
Conocimiento interior. La pregunta fundamental de toda
forma de *gnosis*, más allá de las diferencias puntuales de
cada grupo gnóstico, es acerca de la existencia del Mal en el

mundo. Es el conocimiento, precisamente, lo que permite trascender del Dios exotérico que permite el Mal al Dios esotérico que permite descubrir el origen, el nacimiento, por medio del Mal que también nos conforma, y con ello habilitar al depositario de esa sabiduría para iniciar el viaje alquímico hacia el renacimiento transformador.

Ninguna religión o dogma puede habilitar el conocimiento de esa sabiduría por medio de su doctrina exotérica; debe ser el propio gnóstico entendido como "buscador de la verdad" quien se abra paso por medio de distintas religiones y filosofías hasta aquello del mundo exterior que dialoga, por medio de sus *dramatis personae*, directamente con su mundo interior. Lo mismo se puede decir del entramado de imágenes, a modo de imago mundi, que pone a nuestra disposición el cine hermético. El significado de la apertura al Misterio siempre será imposible de cerrar en una única interpretación del mismo.

Por su inspiración gnóstica y desengañada, esto es, capaz de aceptar el Mal en el mundo, pero que aun así pretende trascenderlo, decimos que el cine es un arte neo-barroco para un tiempo que, en muchos sentidos, pide retornar al Barroco. Baile de máscaras, trastrueque especular, transitando un profundo desengaño vital que busca el *horror vacui* tras las bambalinas del escenario. Todo "viaje al fin de la noche" es en realidad un viaje más allá del *limes*, directo al corazón de las tinieblas, en la noche obscura del alma que permite el desborde, tras cuyo trayecto el viajero puede decir: *Opus Nigrum*. Y al decirlo estará haciendo encarnar la película. Entendiendo la vida desde el desengaño, en clave neo-barroca, como lo que es: delirante juego de espejos, cabriola ciega de ilusiones, esperpéntica comedia trazada por un idiota demiúrgico.

Terminemos por el momento: el cine es un arte sintético que aúna música, pintura y literatura; que reconcilia técnica y poesía a través de una puesta en escena simbólica mediante la cual retoma mitos intemporales. Su análisis debe rotar sobre tres ejes: narración, de la que nos hemos ocupado brevemente, tiempo-imagen, de la que enseguida pasaremos a hablar, y discurso, con el que finalmente concluiremos por medio de ejemplos tomados del panorama fílmico reciente. Además de esto hay una serie de elementos (colores, montaje) y de valores estéticos característicos en toda obra, así como unas circunstancias socioeconómicas, históricas y psicológico-biográficas que deben ser tenidas en cuenta tanto en el caso de quien realiza la película como en la sociedad y el público que la recibe.

Los orígenes del Bosque Sagrado

El cine hermético es un arte, una técnica en el sentido aristotélico de la expresión, puesto que despliega todo un conocimiento gnóstico por medio de un oficio reservado a artesanos, que a su vez requiere de mecenas para financiarse, igual que ocurría con las grandes obras del Renacimiento; no ocurre otro tanto con el arte moderno, que vive de las subvenciones estatales y las demandas más arbitrarias de un grupo de capitalistas ignorantes. En definitiva, el cine, más allá de sus posibilidades espirituales, también es una industria. Y es momento de que hablemos de una vez de la industria del cine, es falsa "Meca", con total claridad.

Para Joan Didion, "Hollywood es la última sociedad estable que queda", al menos cuando escribió sus crónicas y reportajes del mismo. Un mundo de por sí hermético, que contiene una "gramática", en palabras de Scott Fitzgerald, uno de sus ángeles caídos, para el cuál eran "apenas un puñado de personas" aquellos "capaces de entender toda la ecuación de imágenes". Para el mago Aleister Crowley, Hollywood no era más que "un grupo de cocainómanos y maníacos sexuales"; para nosotros, sin embargo, significa mucho más: capital mundial de la depravación desde la Era del Jazz en los "felices años 20" hasta la muerte de River Phoenix a las puertas de The Viper Room en 1993. ¿Por qué fundar ese Paraíso Terrenal en un clima desértico? Según David Thomson, "El cine se enamoró del amor gracias a la luz de California". Todo se debía, una vez más, a la luz.

Aparentemente, el origen del término Hollywood hace referencia a un bosque de acebo, por la planta de aspecto navideño que los celtas veneraban y que se incluye en su célebre letrero en la colina del Monte Lee. Sin embargo, existe otra traducción o interpretación de lo mismo que señala a Hollywood como lo que es: un Bosque Sagrado (*Holy-Wood*). Todo aquello que en otros ámbitos resultaría obsceno e intolerable, la industria del cine ha sabido hacerlo aceptable para las grandes mayorías. Es donde la hipnosis del siglo XIX da su paso efectivo al siglo XX a través de la sugestión y la manipulación oníricas. Hablar de "fábrica de sueños" o de "magia del cine" resulta mucho más preciso de lo que parece. De lo que se trata es de determinar si hablamos de magia negra o de magia blanca.

Los creadores del primer cine fueron un grupo de arribistas y desarraigados, de individualistas y pioneros, hombres de genio y amantes de la vida, adictos y pervertidos, autodidactas de todo y maestros innegables en el arte de narrarse a sí mismos. Los primeros colonos de algo que va más allá del simple paganismo: un seísmo en el imaginario contemporáneo que emana de la relación con la Naturaleza, de una fuerza sexual que despierta el espíritu por medio del desborde físico, invocando el espíritu femenino reprimido durante siglos en Occidente.

Consideramos evidente la vinculación entre la industria de la pornografía, que en buena medida ha destruido el cine, y la magia negra, como intento por dominar las partes más bajas de la psique humana a escala global. Satán es un arquetipo atemporal que forma parte de la estructura simbólica de todo imaginario religioso y cultural. Es la perfecta encarnación del Mal y su misterio. Se encuentra asociado a lo que conocemos como magia práctica, en buena parte derivada de la Cábala capaz de nombrar –y, por ende, controlar– a Dios, capaz incluso de crear un Gólem protector, llegado el caso; y que en términos esotéricos se conoce como Vía de la Mano Izquierda. Si la alquimia se basa en la analogía, el cine se basa en la asociación más o menos consciente de ideas encarnadas a través de la puesta en escena. No en vano el cine nació en 1895, el año en que Freud publicó *La interpretación de los sueños*.

Del *Fausto* de Marlowe y Goethe hemos pasado al tema "Stairway to Heaven", de Led Zeppelin, la vinculación entre las artes y la demonología es evidente. una vez más, de Paganini, que al parecer vendió su alma a cambio del manejo incomparable del violín, a Robert Johnson, que hizo otro tanto para tocar la guitarra como nadie. Todo eso, el cambio cultural descrito por Kenneth Anger en sendos libros, y del que salió la mal llamada "contracultura", ocurrió muy cerca del Bosque Sagrado, y sin duda no dejó a la capital mundial de la nueva ecúmene simbólica fuera de su operación. No es casualidad que Crowley, Anton LaVey, L. Ron Hubbard o Charles Manson pasaran, de una forma o de otra, por Hollywood, dejando allí su impronta, en un tiempo donde la música pop y el cine eran capaces de modelar el imaginario mundial con un alcance y una potencia sin parangón en la Historia universal. Para muchos el Bosque Sagrado es, antes que el Reino de la Luz, una expresión de la Logia Negra de la oscuridad.

Todo lo que vemos en una pantalla nace de una intencionalidad ajena a la nuestra que nos impone sus imágenes desde la autoridad. Los primeros años del cine parecen una extensión del pistolerismo presente en las películas de gánsteres o en los westerns que más tarde tendrían un éxito muy extendido en Hollywood. El magnate de patentes Thomas Edison, que se equivocó al apostar por las cabinas de visionado individual frente a las salas colectivas de cine (¿una premonición temprana de las actuales plataformas virtuales?), no dudaba en recurrir a la violencia para salvaguardar su monopolio empresarial reunido bajo el nombre de Motion Pictures Patents Company. Fue William Selig el principal pionero que estableció entre los años 1907 y 1910 un importante estudio en Los Ángeles del que nacería Hollywood.

El breve filme de 1909 titulado *A corner in wheat* y dirigido por D.W. Griffith, ese "Dios de Hollywood", marca el inicio del cine, esa "época púrpura", en palabras de Anger, porque en dicho corto ya está todo lo que más adelante será desarrollado hasta su etapa final de autoconciencia. Con el oriundo de Kentucky, el cine es capaz, por fin, de crear narraciones cuya primera historia resulta atrayente y transparente a un mismo tiempo para mejor introducir una segunda historia en la narración. Faretta compara esa primera historia, presente, como se ha dicho, ya desde A *Corner in Wheat* (1909) con la de *Antígona* o *Edipo* de Sófocles (reinterpretada en la *Poética* de Aristóteles); con la de *Hamlet* o *Romeo y Julieta* de Shakespeare: narraciones sencillas de contar, de entender y de recordar, además de propicias para contener dentro de sí el contenido simbólico.

Una vez más Thomson: "Si las películas tratan a menudo sobre el deseo, el mundo de los que las hacen está absorbido por el sexo". Personajes como Adolph Zukor, el fundador de Paramount Pictures, Carl Laemmle, el fundador de Universal Pictures, Jack Warner, que fundó junto a su hermano Harry la compañía Warner Brothers, Harry Cohn, creador de Columbia Pictures, Louis B. Mayer, de la Metro-Goldwin-Mayer, el reconocido David O. Selznick o el influyente Irving Thalberg son los verdaderos fundadores de Hollywood. Ellos financiaron las obras maestras de, entre otros, Hawks, Ford, Walsh, Hitchcock, Huston y Minnelli. y rescataron del exilio a numerosos directores de cine de origen judío, tales como Lubitsch, Lang, Preminger o Wilder.

Se trata de un conjunto de exitosos empresarios judíos, a veces inmigrantes de origen europeo, a veces hijos de inmigrantes, que cambiaron la historia del imaginario estadounidense y occidental con sus narraciones. Podemos incluir otros nombres indispensables de esta primera etapa: Wilhelm Fuchs, Harry Cohn, William Fox o Marcus Loew. Existe una leyenda negra acerca de estos personajes que los convierte en un grupo de depravados sin escrúpulos; y una leyenda rosa que propone un pacto entre católicos y judíos para beneficio del resto del mundo. Nosotros, más allá del mero maniqueísmo, aceptamos parcialmente ambas versiones sin adscribirnos por entero a ninguna de las dos. Aceptando, en cualquier caso, la realidad del Hollywood gnóstico como sociedad secreta.

Estados Unidos de América es el primer país del mundo desarrollado construido por una sociedad secreta: la masonería. A ella pertenecían sus más importantes fundadores, tales como Thomas Jefferson, Benjamin Franklin o el propio George Washington, entre tantos otros. Eran liberales esclavistas que pretendían librarse del yugo establecido por la Corona Británica formando su propia versión secularizada y mercantilista del Imperio. La masonería, el mundo judío y el protestantismo llevan siglos dirigiendo el país, tal y como muestra sin ambages Scorsese en su última película, *Killers of the flower Moon* (2023), donde Robert De Niro interpreta a un masón que dirige la región apoyado en el Ku Klux Klan bajo mano de hierro. La aparente contradicción entre Sur racista y Norte liberal es en realidad una falsa dicotomía, como demuestra la figura del influyente masón Albert Pike, un general confederado y miembro del KKK que escribió *Moral y Dogma* (1871), tenido por muchos como el mejor manual sobre el Rito Escocés Antiguo y Aceptado.

La mistificación capitalista del dinero, tan presente en Hollywood, capaz de destruir la Era Dorada de las películas norteamericanas primando el beneficio sobre la calidad, sabe unir ambos mundos; y desde el cine en apariencia antitético de Chaplin y Keaton, del Griffith capaz de realizar un filme sudista como *El Nacimiento de una Nación* (1915) y un filme abiertamente iluminista como *Huérfanos de la Tempestad* (1921), incluso de sintetizar ambas corrientes en *Intolerancia* (1916), demostrando así lo mismo que los realizadores Eisenstein o Riefenstahl: la ductilidad ideológica de los narradores ante las imposiciones del Poder. El momento inicial del cine, más allá de sus primeras tentativas en forma de cortometrajes o películas menores si bien llenas de avances formales, llegó con la Primera Guerra Mundial. Algo que, ciertamente, no es casualidad.

El 18 de abril de 1914 se estrenó *Cabiria* en Turín; tres meses después estalló la Primera Guerra Mundial, incoando una larga pira europea. Giovanni Pastrone –Piero Fosco, sin la máscara– el director, productor (Italia Films) y escritor de la película contaba entonces treinta primaveras y debía sentirse poco menos que el bastardo con más fortuna del condenado mundo. Hombres mediocres tildaron su ambición de megalómana; hoy sabemos que fue un genio precisamente por entender que aquel fenómeno, el cine, era el rito fundacional de un siglo nuevo capaz de dejar atrás el rito religioso y al que le quedaba descreer del rito político; tipos como ese o son locos o son profetas. En su primera historia *Cabiria* es una crónica histórica o *péplum* no muy diferente de los de DeMille, Mankiewicz o Anthony Mann; pero es también un *kolossal* –y aquí entra la segunda historia–: la traslación a imágenes de una concepción decimonónica, a lo Wagner, que resulta totalizadora

Como ocurre con los cineastas soviéticos o los grandes maestros europeos del silente, tales como Louis Feuillade, Robert Wiene, Abel Gance o F.W. Murnau, que llevaron el invento de los Lumiére y el pasatiempo de Meliés a un nuevo horizonte hasta ese momento impensable, la realización de un cine hermético, lo primero que desarrollaron estos narradores pioneros del cine fue mucho más una técnica que un estilo. Aquel Homero sureño llamado David Griffith se obsesionó con *Cabiria* (1914), al punto de que compró una copia de la película para su propio disfrute y, habiendo terminado su *The Birth of a Nation*, decidió interrumpir el proyecto de *The Mother and the Law*, que finalmente vería la luz en 1919, para a cambio trabajar en la que sería su gran obra: *Intolerance* (1916). El devenir formal del cine, un modelo heredado de las novelas de Dickens y de la citada película de Pastrone, quedaba entonces trazado.

La así llamada Caza de Brujas de los años 50 fue, en buena medida, un intento por imponer un control gubernamental sobre algo más poderoso que cualquier ideología política: la capacidad transformadora de los símbolos en lo más profundo de la psique. Cuando la decadencia de la Época Dorada que alcanzó su auge en el período silente de los años 20, ese tiempo en que los productores judíos de Hollywood eran los amos del mundo, el Gobierno decidió intervenir en su poder, al menos públicamente, con la excusa anticomunista. Fue un enfrentamiento abierto entre el mundo WASP y los resquicios de la tradición judeocristiana que se saldó con el inicio de lo que hoy conocemos como Hollywood: la capital mundial del capitalismo.

El imperio mundial establecido por los EEUU tras el final de la Segunda Guerra Mundial habría sido imposible sin el dominio del imaginario por medio de la industria de la música, la moda y, muy especialmente, las películas de Hollywood. Porque la propaganda de guerra cambió para siempre el devenir de Hollywood: a partir de entonces las películas buscaban el beneficio o la predicación moral. Fue el fin de una Edad Dorada donde algo mejor aún era posible. Empresarios judíos y partidarios de la cultura WASP se habían unido para combatir un enemigo común: el fascismo europeo. La farsa anticomunista no es más que la escenificación pública de esa nueva actitud de mayor control, que encuentra en el Código Hays su mejor ejemplo, y que continua, por otros medios, más presente que nunca en el cine de nuestros días.

A partir de ese trágico momento, la censura se extendió libremente por los estudios y la leyenda negra se convirtió en la versión oficial del Nuevo Hollywood contra el viejo Hollywood, provocando así que algunos estudiosos, a cambio, la leyenda rosa, a modo de reacción contra esa maniobra. Una vez más queremos despegarnos de ambas actitudes en nombre de una correcta comprensión histórica. La renovación de aquello que estaba agotado fue posible gracias a la vuelta al origen: volviendo a lo oscuro. Cuando Schrader, influido por Mishima, imagina a un *flâneur* como testigo de los últimos tiempos mientras marcha conduciendo por la ciudad de Nueva York, en el guión de lo que finalmente sería *Taxi Driver* (1976), por fin podemos afirmar que el cine trascendental y, con él, un estilo fundamental del cine hermético ha hecho su aparición en el Bosque Sagrado.

El nuevo Hollywood

De los rescoldos del viejo orden surgirá el conocido como "Nuevo Hollywood", un conjunto de estudiosos de cine en las nuevas academias que había crecido con los grandes clásicos de la Edad Dorada de Hollywood y sabían que aquello era imposible de mejorar o siquiera de igualar: con Ford, Wilder, Lang, Hawks, Minelli, Wyler, Mann y un largo etcétera, el cine ya había explotado todas sus posibilidades. Imbuidos de nuevas corrientes europeas como el cine de Bergman, Deren o Powell, la incipiente *nouvelle vague*, las películas de Kurosawa y una gran camada de directores italianos como Antonioni o Fellini, estos cinéfilos para los que "el cine era prácticamente una religión secular" (Biskind), desarrollaron una fuerte autoconciencia que les llevó a una obsesión por la forma cinematográfica. Cineastas despojados de toda inocencia y con una plena militancia teológica.

La definición farettiana de autoconciencia es "saber que se sabe y saber qué se sabe", también llamado "lo óptico de lo óntico": la distancia del yo que mira ontológicamente a la manera del Velázquez Barroco o del Hitchcock que aparece inserto en sus propias películas. Se trata de una incorporación crítica de todo lo que antecede una vez los recursos han sido agotados y sólo pueden aspirar a una reformulación constante. El cine más que ningún arte es auto-

consciente y por eso (además de por sus limitaciones técnicas) es que sólo pudo darse en la fase final de la Historia
de Occidente: el ritual colectivo de la sala de cine detiene
el ritmo habitual de la vida para una inmersión comunita-
ria al tiempo que individual en una reflexión metafísica
que restaña la ligazón con lo sagrado.

La primera generación de la autoconciencia tiene lugar
con la escena final de *Ciudadano Kane* (1941) de Orson
Welles donde el trineo "Rosebud" se quema al revelarse al
espectador, como antes hizo Hitchcock en *Rebeca* (1949),
donde la inicial "R" bordada en una almohada se borra en
el último plano del filme, y al igual que décadas más adelante "El Corazón del Mar" varía de significado en cada
aparición que hace en pantalla de *Titanic* (1997); aunque la
verdadera generación autoconsciente es la de los años 70
con, entre otros, Francis Ford Coppola y William Friedkin:
sobre todo a partir de dos películas que versan sobre sociedades secretas (la mafia y los jesuitas) como lo son *El
Padrino* (1972) y de *El exorcista* (1973). En películas de
otros autores de esa misma generación, como *The French
Connection* (1971) o *Carlito´s Way* (1993) encontramos la
actualización del ideal caballeresco medieval para el nuevo
ambiente urbano de los años 70, 80 y 90.

La Guerra de Vietnam resultó decisiva en ese sentido: la
juventud de Hollywood ya no apoyaba al Gobierno, como
ocurrió en la IIGM con sus antecesores WASP y judíos,

sino que se opuso a su decisión de intervenir bélicamente en el extranjero. Cine que mira al propio cine: ya sea mostrando los entresijos de Hollywood o retomando de manera voluntaria y poco sutil motivos ya tratados con anterioridad. En esa revisión del Hollywood clásico, la generación autoconsciente que incluye a realizadores como Carpenter o De Palma hace explícito lo que antes se mostraba de manera velada: el contexto. Como queda retratado en el cine de Oliver Stone, excombatiente en el propio conflicto y más tarde reconvertido en el director más concienciado de su tiempo, se trata de mostrar de qué forma trabaja el Poder para desencadenar decisiones antipopulares como la propia Guerra de Vietnam en favor de industrias tan poderosas e influyentes como la armamentística.

De nuevo Biskind: "El Nuevo Hollywood duró escasamente una década, pero, además de legarnos un corpus de películas que hicieron época, tiene mucho que enseñarnos acerca de la manera cómo funciona Hollywood ahora, por qué las películas de hoy, con unas pocas y felices excepciones, son tan espantosamente malas, por qué Hollywood está en perfecto estado de odio y de crisis a sí mismo". Tras el fracaso de *New York, New York* (Scorsese, 1977), *Corazonada* (Coppola, 1981) y, sobre todo, de *La puerta del cielo* (Cimino, 1980), el cine perdió su alma, su arte, y terminó reducido a la mera industria. En su excepcional ensayo cultural *Danza Macabra* (1981), King escribe: "*Una de las cosas que hacen del arte una fuerza a ser tenida en cuenta, incluso por aquellos a los que no les interesa, es la regularidad con que el mito engulle la verdad... sin ni siquiera un eructo de indigestión".* El cine vivió el mismo proceso que la sociedad: un alienante crecimiento radical del capitalismo nihilista en nuestras vidas.

Solo desde esa forma radical y, como ya se ha dicho, casi religiosa, de ver el cine, se entiende la crítica del así llamado Nuevo Hollywood, especialmente por boca de Scorsese, a la industria del cine a propósito del Imperio actual de Marvel en Hollywood, que es solo la consecuencia lógica del proceso iniciado en los años 80; pero antes de eso vinieron unos años, durante aproximadamente una década, donde películas como *Bonnie y Clyde* (1967), de Arthur Penn, *Easy Rider* (1969), con la indispensable colaboración del gran Terry Southern, o *El exorcista* (1973) eran éxitos de crítica y de público, y películas tan oscuras y simbólicas, esto es, del todo gnósticas, como *El padrino* (1972), *El cazador* (1978) o *Toro Salvaje* (1980) ganaban numerosos premios, incluido el Premio Oscar a la mejor película.

El Nuevo Hollywood fue la respuesta cinematográfica a una época de cambio: que vio nacer y morir una forma de entender la cultura que se había generado, precisamente, a consecuencia de un sueño surgido de los rescoldos de otro sueño anterior. Era inevitable que la irreverencia fuera una parte fundamental del Nuevo Hollywood: el amor libre, el consumo de drogas, la nueva música, la referencialidad y, sobre todo, una nueva forma de mostrar la violencia estrechamente relacionada con el que sería el tema fundamental de estos directores: el poder retratado desde dentro y sus consecuencias sobre nuestras vidas. Al fin y al cabo, el asesinato de los hermanos Kennedy y de Martin Luther King; la Guerra de Vietnam y todas esas imágenes de pueblos arrasados y sacerdotes quemados a lo bonzo; el escándalo Watergate y la dimisión de Nixon, estaban ahí. También los experimentos de control mental que la CIA llevaba poniendo en marcha desde una década atrás, mediante programas secretos como el Proyecto MK-Ultra, inspirándose, precisamente, en la película *El candidato de Manchuria* (1962), para tratar de crear un asesino dominado por medio del control mental, como más tarde mostró *La escalera de Jacob* (1990).

Los jóvenes ya no creían en los mismos ideales que sus padres y, por lo tanto, no podían hacer un cine similar: ni en ideas ni formalmente. El propósito de la vieja guardia era domesticar a estas nuevas generaciones, y acabar con la United Artists, la única compañía independiente fundada por creadores como Chaplin, fue parte de ese viraje. La tragedia de esa generación de irreverentes colocados en la vorágine de un cambio cultural fue que el Nuevo Hollywood quiso, en efecto, cambiar el cine para que al final el cine efectivamente cambiara, pero en un sentido opuesto por completo. Querían domar la industria, y ganaron premios y prestigio en el intento, pero acabaron teniendo que atenerse a sus normas, en mayor o menor medida (en cada caso), para poder seguir haciendo películas. Fueron, una vez más, secuestrados por el Poder, inmolados para poder ser iniciados en su particular gramática.

Mientras los "autores" del Nuevo Hollywood se hundían en taquilla y perdían el favor del público, incluso de la crítica prostituida en favor de la publicidad y carente de toda sensibilidad simbólica, películas como *Tiburón* (1975) o *La Guerra de las Galaxias* (1977) arrasaban ante el gran público. Los productores decidieron apartarse de los delirios megalomaníacos de los directores más excéntricos para apostar, en su lugar, por productos de valor seguro realizados mediante fórmulas prefabricadas y dirigidos a grupos de espectadores muy concretos y perfectamente estudiados. De esta forma anticipaban el actual sistema dominado por los algoritmos y las Inteligencias Artificiales. Sigue siendo la receta vigente; lejos quedaban los grandes productores amantes del arte como Val Lewton o Roger Corman: ya no importaba más el cine, solo el dinero.

La traición llegaba desde dentro, como suele ocurrir, en este caso por medio de la cara exitosa de esa generación, encarnada en George Lucas y Steven Spielberg, y la solución fue la importación de la etiqueta "cine de autor" de Europa, a modo de reacción, que más tarde cristalizaría en el llamado "cine indie", producido con poco dinero y llevado a canales de promoción alternativos y minoritarios. Sin embargo, el cine independiente también terminó por convertirse en marca, como ocurre en nuestros días, para acabar integrado en la industria; al fin y al cabo, se trataba de lo que Thomas Frank llamó "el negocio de la contracultura". La tentativa de, entre otros, John Cassavetes, Sam Peckinpah, John Milius, Sidney Lumet, John Waters, Mike Nichols, Alan J. Pakula, Don Siegel o Peter Bogdanovich fue a dar al traste con toda pretensión artística del cine tras el glorioso período que va de 1968 a 1974, aproximadamente.

Un sueño dentro de un sueño

Poeta y miembro de la sociedad secreta Aurora Dorada (*Golden Dawn*), el esotérico William Butler Yeats defendió la existencia de una "sabiduría lunar" que se revela al poeta en trance o en sueños, aludiendo al *Ánima mundi* o "Alma del mundo" que describen los filósofos platónicos, referente a "una memoria colectiva independiente de las memorias individuales, las cuales, sin embargo, contribuyen a enriquecerla de manera continua con imágenes y pensamientos". Para añadir en otro punto: "Toda civilización se mantiene unida por las sugestiones de un hipnotizador invisible, de las ilusiones creadas artificialmente. El conocimiento de la realidad siempre es, en cierta medida, un conocimiento secreto. Es una especie de muerte".

El cine es un sueño dentro de un sueño: un mundo contenido en el interior del propio mundo, tal y como ocurre en un sutil juego de espejos como el que presenta Luis Buñuel en *El discreto encanto de la burguesía* (1972). Un laberinto subterráneo, como una ciudad sumergida, en la que todo ocurre en un estadio de la vida situado más allá de la simple dicotomía realidad/ficción. Detrás de todas las películas existe un único cineasta invisible cuyo nombre no estamos autorizados a pronunciar, quizás, puesto que está reservado para los iniciados.

Así pues, todo comienza con un sueño. Una mañana de diciembre de 1966, la escritora australiana Joan Lindsay, por aquel entonces casi septuagenaria, se despertó con un poderoso sueño inscrito en la retina. Tenía el paisaje de su infancia prístino en la memoria, y decidió encerrarse a escribir acerca de él mientras que el exterior se encontraba sumido en otro clima, más bien tormentoso, de apariencia bien distinta. Determinó que la trama debería comenzar el día de San Valentín del año 1900, dado que además de ser el día de los enamorados, era también el aniversario de su fuga y matrimonio con Daryl, su actual marido. Durante más de una semana, Lindsay soñó con el escenario veraniego de su infancia, de noche, una y otra vez, mientras consagraba sus días invernales a transcribir el fruto de sus sueños al tortuoso lenguaje de las palabras.

Según los conocidos de Lindsay, ella era una persona tendente a albergar capacidades visionarias. Cuando volvió a Hanging Rock en plena escritura de la novela, vio ciertas imágenes entre las rocas y arbustos que los demás acompañantes en el viaje no lograron identificar. Al volver a casa corrió a terminar el libro, que logró cerrar en un período de tiempo increíblemente breve, como si el poder inmarcesible de las imágenes visionarias, esa extraña dimensión del tiempo que tenemos en los sueños, también se hubieran filtrado de manera directa en la escritura.

El libro se publicó y pasó sin relativa pena ni gloria hasta que alguien, la periodista televisiva Patricia Lovell, lo encontró de casualidad y sintió que, con su lectura, su vida cambiaba radicalmente. Tuvo la necesidad de hablar con la autora de la novela para mejor convencerla de la pertinencia de hacer una película, que al final la propia Lovell produciría. Para ello se convenció de que debía llamar a un joven y prometedor cineasta al que había podido conocer hace poco gracias a su oficio televisivo: Peter Weir. Pensaba que él quizás podría encargarse de dirigir el proyecto.

Y con estos mimbres llegamos a 1975, año del estreno de la película. Uno de los filmes más poéticos de la Historia, a la altura onírica de *El año pasado en Marienbad*, *Días de cielo* o de *La doble vida de Verónica,* que se abre con una voz femenina leyendo un poema de Edgar Allan Poe: "*Is all that we see or seem/ But a dream within a dream?*". A partir de ahí, la película se ciñe a la trama de la novela: la desaparición de unas colegialas que salen de excursión el 14 de febrero del primer año en un siglo nuevo. Por supuesto, el argumento es lo de menos. Importan las imágenes que Lindsay soñó para después tratar de hacerlas inteligibles con forma de palabras, y que gracias a la mediación de Lovell, el director Weir al fin pudo devolver a su forma original más pura, al poder simbólico de las imágenes, en este caso teñidas por una innegable capacidad onírica.

Todo en la película es el paisaje. La potencia abrasadora del verano. La exploración de un límite difuso entre sensualidad y sacralidad. Teñido de blanco. Algo que remite tanto al Renacimiento como al Romanticismo, al ideal de la *Donna Gentile* como a la idea de belleza trágica cristalizada en las pinturas prerrafaelitas. Desde ahí debemos mirar al cine: en compañía de un fantasma donde cabe toda la Historia del Arte; y, al tiempo, en la invitación a tomar consciencia del propio fantasma que, de manera traumática y fundacional, alimentando el vacío ontológico que da pie a nuestra existencia, invoca un Misterio epistémico primero, alienta la reaparición de los espectros fundamentales de nuestro yo; y nos pone de rodillas, aterrados, ante la imagen sacra y absoluta de lo Uno.

Gracias al cine podemos soñar un sueño extraño permaneciendo despiertos. Miramos a otros mirar lo desconocido. Y ese es un punto clave de *Picnic en Hanging Rock*: nos sentimos dentro y fuera del periplo de las protagonistas. Atrapados en su desaparición y al tiempo testigos externos de ella. Sin embargo, el cine no pretende recrearse en esa enfermedad distorsionadora de la percepción convencional, sino que al tiempo que realiza el diagnóstico ambiciona señalarnos la salida del laberinto, la cualidad mentirosa y neo-barroca del sueño, y nos muestra que la cura a nuestra patología se encuentra inscrita en la propia Belleza del cine.

Como espectadores, debemos hacer la película nuestra para poder superar la iniciación que el cineasta nos propone; una vez hemos accedido al sentido profundo de la película, al centro del laberinto donde se halla el Minotauro, es cuando sentimos que el conocimiento gnóstico hasta entonces oculto nos libera del desasosiego existencial, de la pesadumbre propia del espectador que recibe una imagen tan poderosa que es capaz de arrasarle y, con ello, también de salvarle por medio de una suerte de transformación alquímica. Es la salida vertical del laberinto: por medio de una Belleza que en el fondo es espejo de la Verdad.

Juego compulsivo de espejos, trastrueque febril de máscaras e identidades, en definitiva, para que la conciencia pueda deslindarse de todo precepto moral, por medio de la imaginación, realizando un trabajo semejante al del sueño, liberando de toda responsabilidad social la fantasía, confundiendo nuestros más secretos deseos con las historias que nos permiten escapar de la realidad: un exorcismo que el chamán realiza, en calidad de poeta, operando con símbolos atemporales de origen metafísico, para sanar el inconsciente colectivo de la tribu y para su propia psique individual. El cine es un lenguaje prometeico, universal, de rebelión y de liberación, un jardín privado en cuyo tenebroso fondo existe una inmensa laguna en cuya parte sumergida nos bañamos todos, y de donde es posible extraer una iluminación personal y tal vez colectiva que actualiza de un conjunto de arquetipos atemporales al siglo XX.

Lindsay siempre sostuvo una ambigüedad totalmente intencional acerca del apego a la realidad de aquello que había soñado. Como si el fruto de sus visiones se correspondiera con un pasado auténtico, pero desconocido; algo a lo que tal vez ella pudo acceder en la infancia, quizás en sus visiones de juventud, y a lo que más tarde regresó cuando estuvo lista para transcribirlo negro sobre blanco. Una leyenda real de fantasmas. Por supuesto, la carga simbólica de la historia, que sobrevive y se potencia en su adaptación al cine, reside en el cronotopo: en el espacio físico que gracias al cine puede ser inmortalizado por lo que llamaremos "la técnica de esculpir en el tiempo". La propia idea de la ascensión por el templo rocoso de la Naturaleza ya está cargada de una connotación espiritual evidente.

El otro polo principal de espiritualidad latente en la película es la feminidad. Un fuerte contraste entre la pureza, ejemplificada en el tono blanco con el que visten las jóvenes, y una sensualidad veraniega evidente en multitud de gestos y miradas diseminados a lo largo del filme. La mayor virtud narrativa de Lindsay primero, y más tarde también de Weir, reside en que nunca se llega a revelar con claridad el misterio de lo ocurrido. Donde otro director habría optado por resolver, Weir decide no añadir nada a lo ocurrido. Comparte su complejidad y su perplejidad con nosotros, los espectadores, a quien entrega el Misterio de la película para que lo hagamos nuestro.

Tampoco resuelve el erotismo femenino, nunca llega a existir una escena explícita de sexo, como sí las hay en otras películas similares a ese respecto, tales como *El seductor* (1971) o *Perros de paja* (1971). Es lo que Bazin llamó "el complejo de la momia", que trasciende la "museificación" del arte visual por la riqueza del plano, cuya densidad inacabable trasciende toda muerte en el espacio-tiempo fílmico, precisamente por su uso autoconsciente del espacio y el tiempo dentro del metraje.

Al observar el trabajo implacable de la muerte es que conseguimos otorgarle un sentido superador, a través del elemento estético de la poesía, que logra arrancar las imágenes fijadas del reino de lo estático mediante una sublimación de la Belleza. En la ambigüedad que no pretende cerrar el significado se abre la puerta para una pregunta mística, silenciosa y eterna. Al "desembalsamar" la imagen, el cine consigue darle la vuelta a las apariencias, para terminar de declarar la victoria de la Belleza sobre aquello que aparentemente lo vence todo, el avance implacable del tiempo, el poder inmisericorde de la muerte.

Resulta evidente, si analizamos la filmografía posterior de Weir, que su obra está llena de símbolos utilizados con un total dominio hermético. Imágenes que conforman un puente de tránsito hacia un contenido profundo inaccesible para la mayoría de los espectadores, dado que hace gala de un misticismo apenas imperceptible, totalmente perfecto. Es un ejemplo extraordinario de un cineasta gnóstico. Su obra tiene presente un mensaje atemporal de conocimiento esotérico. No en vano, en los primeros fotogramas de la película vemos como una niña juega al tarot, depositando un arcano tras otro sobre la cama, con aparente y juvenil parsimonia.

Si tenemos alguna certeza sobre la poesía es que es inútil. El poder de sus imágenes, esa cualidad presente en las películas de Dreyer, Bresson o Ozu, por citar algunos eminentes ejemplos compilados por Schrader, no sirve para construir un puente o cimentar una carretera, porque es tan aparentemente inservible como la propia Belleza. Dignifica la vida y trae consigo un mensaje universal de Amor más allá de la muerte.

Es precisamente por su ausencia de utilidad por lo que trasciende el eje horizontal de la existencia y apunta hacia lo más alto, hacia el terror reverencial de lo numinoso, hacia la condición suprema de lo sublime. La Belleza es una escalera que nos permite ojear por un instante lo Absoluto. Muestra la trascendencia ínsita a la inmanencia. Y todavía dice más: nos indica, a cada uno de nosotros, que Scottie Feguson eres tú; y que Laura Palmer eres tú; porque el arte audiovisual, como antes la poesía o la Belleza, hablan de una fuerza secreta latente dentro de ti. Dentro del espectador. Dentro de todos nosotros: los cinéfilos.

Estudiando la obra de Lynch, al parecer envuelta en un "secretismo casi masónico", Foster Wallace afirmó que "el Mal y las diversas formas de relacionarse de los seres humanos con él es el tema esencial de las películas de Lynch". Un Mal situado más allá de las dicotomías bienpensantes: en nuestros corazones. Nuestra tarea consiste en integrar la Sombra jungiana, transitando por el trayecto nocturno de Orfeo en tiempos de Kali Yuga, enfrentados al puritanismo maniqueo del falso Bien que, en realidad, sirve al Mal encarnado. O transformamos nuestra vida, como siempre ha querido el cine, o no podremos salvar al propio cine, ni a nosotros mismos, del cada vez más extendido control de la Logia Negra.

Historias de fantasmas

Las así llamadas "listas negras" son apenas la cara más pública y visible de la verdadera actividad de las logias negras por dominar el imaginario global por medio de las películas. Dos películas estrenadas en el año 1968 cambiaron la Historia del Cine, su posterior desarrollo: *Rosemary´s baby*, de Roman Polanski, y *2001: A Space Odyssey*, de Stanley Kubrick. Ambas parten de una obra literaria previa y, con ellas, Polanski y Kubrick se adelantaron décadas, y puede que hasta centurias, a los derroteros por los que discurrirá el arte en la era de la técnica, del frenesí y del vacío. Mucho más tarde, al borde del fin del milenio, los mismos dos protagonistas sometieron a un viaje anti-iniciático, en buena medida infernal, a la clase media occidental, representada por sendos matrimonios (Nicole Kidman y Tom Cruise, en un caso; Hugh Grant y Kristin Scott Thomas, en otro), a través de otras dos películas decisivas, respectivamente: *Bitter Moon* (1992) y *Eyes Wide Shut* (1999).

Dos fantasías pesadillescas, curiosamente ambientadas en fechas navideñas, en las que el fracaso de lo absoluto coincide con la ritualización del deseo carnal. Puesto en conjunción con el miedo apocalíptico de fin de milenio que tuvo lugar en toda la sociedad occidental. Si la Navidad es la época de la familia por excelencia, dos provocadores vocacionales como Polanski y Kubrick decidieron ambientar en esa fecha, en la geografía exacta que supone la capital mundial del consumismo, Nueva York; o en la simbólica iconografía del barco consagrado al imaginario aburguesado de un crucero, su mayor atentado contra la moral neo-puritana imperante. Es la inversión final de las historias de amor que, por medio de musicales y de cintas épicas como *El ladrón de Bagdad* (1924), permitieron sustentar una versión de la realidad falsa y conveniente para el Poder.

La conciencia de la Caída, la pregunta por el Destino o la duda acerca de la Realidad son algunos de los temas comunes a toda ficción de gran calado: ya sea el *Génesis*; *La vida es sueño* (1635) o *Tiempo desarticulado* (1959); *Blade Runner* (1982), *Crash* (1996) o *The Matrix* (1999). *Antígona* o *El show de Truman* (1998) cuentan exactamente lo mismo: varía el contexto, pero el imaginario permanece. Son obras que llevan la humanidad al límite para que precisamente emerja su esencia. Invitan al despertar, a la toma de conciencia y a la elevación del espíritu.

En un mundo donde los humanos se comportan como objetos, lo artificial puede alcanzar, bajo la óptica adecuada, la grandeza espiritual de lo material: esa es la lección que Kubrick nos muestra con el Hal 9000 de la novela de Arthur C. Clarke; en su versión interrumpida de *Inteligencia Artificial* (2001), finalmente estrenada por Steven Spielberg; o que manifiesta el célebre replicante de *Blade Runner* (Ridley Scott, 1982) en su discurso final. Y lo mismo sucede con Polanski: capaz de elevar el trauma psicológico producido por el embarazo de un matrimonio joven y prometedor a la categoría de danza macabra de lo siniestro. En su exploración del matrimonio como forma de encierro, tema igualmente presente en su comedia *El quimérico inquilino* (1976), adaptación de una novela de Roland Topor.

Polanski es un trágico, como demostró en su mejor película, la excepcional *Chinatown* (1974), sobre un guión de Robert Towne inspirado por Raymond Chandler y Ross MacDonald, en el que examina los propios orígenes corruptos (especulación, incesto) de Hollywood. De la misma forma, Kubrick es un satírico implacable, como demuestra el final de *Dr. Strangelove* (1964), en el que es capaz de provocar una carcajada mostrando el fin del mundo. La experiencia cotidiana de Jack Nicholson en *The Shining* (1980) y de Mia Farrow en *Rosemary's Baby* (1968) resulta idéntica: la descomposición íntima de la familia narrada en clave aterradora, en el marco de una realidad que sólo puede resultar horrible.

Polanski y Kubrick exploran, paralelamente, la paranoia, la agorafobia y la claustrofobia para unos espectadores atrapados frente a la pantalla. A partir de ahí, buena parte del "cine de autor" posterior ha seguido ahondando en el mismo territorio ignoto: títulos tan destacables, variados y sugerentes de la filmografía mundial reciente como *Middsomar* (Ari Aster, 2019), *Annihilation* (Alex Garland, 2018), *Velvet Buzzsaw* (Dan Gilroy, 2019) *Arrival* (Denis Villeneuve, 2016), *Mulholland Drive* (David Lynch, 2001), *Melancholia* (Lars von Trier, 2011), *Titane* (Julia Ducornau, 2021), *Under the Skin* (Jonathan Glazer, 2013) y *The Neon Demon* (Nicolas Windin Refn, 2016). Macabros cuentos de hadas, inscritos en una realidad de pesadilla.

El teórico Mark Fisher, responsable del término "hauntología", antes acuñado por Derrida en su libro *Espectros de Marx* (1993), habló de una "fragilidad ontológica" a la hora de determinar el principio de realidad, que siempre aparece distorsionado en el mundo capitalista. En nuestra experiencia individual y colectiva de un "realismo capitalista" que proclama "no hay alternativa" porque "es más fácil imaginarse el fin del mundo que el fin del capitalismo"; sólo la mitología parece señalar la posibilidad de un futuro distinto. Volviendo, precisamente, al origen, por la vía del vitalismo y la acción. Se trata de una tarea quijotesca, en buena medida tan inútil como embestir molinos de viento simulados por realidad virtual, pero igualmente necesaria.

Si el Capital y la Modernidad al completo están asentados sobre el ansia de lo novedoso, todo nuestro mundo de culto al Progreso y al Vacío tiene, inevitablemente, como reverso, un universo de miedo a lo atávico y a lo primordial. El capitalismo más avanzado funciona como un vampiro pesadillesco. Escribe Fisher a propósito de una película de Kubrick basada en una novela de King: "Ocultos detrás de los atractivos fantasmas del Imaginario del hotel que seducen a Jack, los horrores que acosan a los corredores del Overlook pertenecen a lo real. Lo real es lo que continúa repitiéndose, lo que se reafirma a sí mismo sin importar cómo intentamos huir de él. Los horrores del Overlook son los de la familia y de la historia o más concisamente, son los de la historia familiar. Una colmena de ocio construida sobre un cementerio indio".

Solo que en nuestro mundo de capitalismo tardío, el mapa de la realidad, ya no se corresponde con el territorio que representa. La extraterritorialidad, como el desarraigo, es total. Y su correlato estético no puede ser sino el *kitsch* que no comprende aquello que profana con la descontextualización. Por eso la filosofía, la ficción que pretende dar cuenta del inestable presente, debe reaccionar ·contra el signo de los tiempos, como describe Land: "La tarea de la filosofía en relación a la Modernidad es delinear y desafiar el tipo de pensamiento que la caracteriza". Toda película es, pasado cierto tiempo, una historia de fantasmas, por cuanto la totalidad de sus protagonistas y realizadores acabará muriendo; pero también lo es porque nos obliga a resucitar al muerto, a invocar su presencia, a convivir con ella como ocurría en la película de ciencia-ficción *Solaris* (1972), que Tarkovsky realizó sobre una novela de Lem.

Fantasmagorías en la sala a oscuras

Hay un vacío en el centro del Ser, del yo, de la identidad; en el centro que constituye la propia realidad. Un espacio ignoto en el que la epistemología se roza con la metafísica. Lugar al que podemos acceder como espacio liminar, difuso, fronterizo, situado entre el sueño y la racionalidad. Es a la exploración de ese territorio a lo que debemos consagrarnos con más ahínco los hombres del siglo XXI. La tarea de nuestra época consiste en aprender el lenguaje de los sueños que, en estos días de crepúsculo del bosque sagrado o "Hollywood", parece haber cumplido en muchos puntos su Destino. El nuestro, sin embargo, aún está lejos de verse cerrado.

Escribe Salvoj Žižek: "La única manera de dar forma efectiva del estatus de la autoconciencia consiste en afirmar la incompletud ontológica de la propia realidad; tenemos realidad solamente en la medida en que hay un hueco ontológico, una grieta, en su mismo núcleo, esto es, un exceso traumático, un cuerpo extraño que no se puede integrar en ella". La Otredad. Eso es exactamente lo que representa *Solaris* (1961) en la novela homónima de Stanislaw Lem; o Kurtz en *El corazón de las tinieblas* (1899), de Joseph Conrad, y en la versión cinematográfica realizada por Coppola; incluso Harry Line en la novela *El tercer hombre* (1949), de Graham Greene: un eje vacío en torno al cual pivota nuestra identidad. El trauma.

Hay más ejemplos: es la conversación que obsesiona a Gene Hackman, de principio a fin, en el metraje de *La Conversación* (1974); y es el asesinato que el fotógrafo protagonista de *Blow Up* (1966) capta con la cámara durante un paseo en el parque, para después perder todo rastro. Sólo la obsesión persiste, una neurosis que emana desde la inevitable incompletitud de la verdad a la que nos aboca el mal de la subjetividad y de la perspectiva. Como los personajes de Javier Marías, también Jack Nicholson en *Chinatown* (1974) o Elliott Gould en *El largo adiós* (1973) podrían decir: "No he querido saber, pero he sabido". En eso consiste, precisamente, todo viaje al fin de la noche como el que realiza el protagonista de la *Aurelia* (1855) de Gérard de Nerval.

Tarkovski ha retratado mejor que nadie la dimensión trascendental de esa "Zona" inasible que nos define. Tanto la obra de Lem como la de Conrad, dos de los ejercicios más perfectos del arte de la novela y dos análisis casi sin parangón del vacío al que nos opone esta época, son dos exploraciones sobre cómo el objeto del estudio y el propio sujeto que realiza la investigación no pueden quedar indemnes, ni aislados, de su trabajo personal. Antes de que la física moderna llegara a conclusiones parecidas. Una vez más: viaje al fin de la noche, prospección de abismos en la que los abismos también indagan en aquel que les observa, *episteme* discontinua y foucaultiana que nos lanza en brazos de la deconstrucción…

Si la Modernidad es el monstruo de Frankenstein, construido con restos de muertos del mundo Tradicional; el cine, la posmodernidad, es el vampiro que sólo vive en las representaciones, en el espectáculo, de los restos del cadáver que no se puede dejar atrás. Philip K. Dick, acaso el escritor más determinante en cuanto a adaptaciones en el cine contemporáneo es, como el propio cine dentro de la Historia Cultural de Occidente, un artista neo-barroco. En una de sus versiones cinematográficas más logradas, Truman representa al héroe autoconsciente; mientras que el personaje de Ed Harris, Christof, es su particular Doctor Frankenstein, que lo vigila todo desde su panóptico digital; en definitiva, la historia es una adaptación del libro de Job para tiempos digitales.

Otras películas indirectamente deudoras de la obra de Dick, tales como *Matrix* (1999) y *Videodrome* (1983), retoman filmes de culto anteriores como *Blow Up* (1966) y *Vértigo* (1958), en cuanto películas sobre la obsesión que las imágenes generan en nosotros, para desarrollar un discurso neo-barroco que retoma Pigmalión para tiempos de Simulación y Realidad Virtual. Cuando el tiempo y el espacio están desarticulados, fuera de su quicio habitual, la pantalla y el mundo en el que se enmarca terminan confundiéndose bajo la apariencia del continuo Espectáculo.

Influenciado por el gnosticismo, como ya le ocurriera a H.P. Lovecraft, y retomando tanto a Platón y Descartes como a Calderón y Shakespeare, Dick emerge como el autor que mejor ha sabido retratar las patologías del sujeto contemporáneo; es natural, por lo tanto, que el cine, arte coetáneo de dichas patologías, haya recurrido en numerosas ocasiones a su obra para hacerse eco de ellas. Paranoia, claustrofobia y agorafobia confluyen. La apofenia más reconocible es la del propio cine: entramado de espejismos que conducen a otras imágenes previas, cimentando así un gigantesco laberinto infinito de referencias, en lo más hondo de la retina, que se confunde con nuestra identidad y sus certezas mejor fundadas. En términos clínicos, hablamos de alienación, esquizofrenia y represión; el cine muestra, sobre todo, en qué nos convierten nuestros delirios: vampiros, replicantes, ultracuerpos, zombis, aliens, cyborgs… El cine es un Teatro de la Memoria que purga nuestra Sombra interior.

Ningún arte está tan cimentado en la enfermedad como el cine; en cierto sentido, el propio cine es una enfermedad, y la cinefilia es su patología más perversa. No existe cinéfilo al que el voyeurismo le sea ajeno: un maestro incuestionable como Alfred Hitckcock, o su aventajado discípulo Brian De Palma, entre otros, convirtieron en muchos sentidos su labor narrativa en una reflexión meta-ficcional sobre la cuestión de aquel que mira al que mira. Es un trabajo semejante al que ha realizado la propia posmodernidad en el conjunto de la trayectoria de Occidente: en la solidez del cuerpo, de la imagen como recipiente vivo, se deshace la ideología, y todas nuestras creencias se vuelven contra nosotros, pervertidas, con apariencia propia de fantasmas.

Los afectos desnudan a las ideologías y muestran la fragilidad que esconde toda noción fuerte de pensamiento o de racionalidad. Por eso decimos que ser posmoderno es llevar implícita la marca del cine: vivir en compañía del fantasma de la Tradición, de la Modernidad, de un pasado que no podemos asumir ni olvidar en términos históricos. Un fantasma que regresa de la muerte, bajo la forma de un monstruo identitario y falaz, empujándonos hacia un porvenir sombrío. El cine es el diván y la pesadilla del peor de los siglos, en términos de exterminio y destrucción; contemporáneo de Auschiwtz, Hiroshima y Kolimá; de la "movilización total" en su fase más extrema; al mismo tiempo precede y se opone al avance irremisible de la técnica sobre nuestras vidas. En cierto sentido, la destrucción del cine, su eclipse, no es más que la constatación de la destrucción de lo humano, su sustitución por algo inhumano que viene a completar el viaje de lo natural a lo artificial anticipado por Stanley Kubrick en la cosmovisión de *2001: Una odisea del espacio* (1968).

El cine es hijo del gótico, de la hipnosis, de las vanguardias y del surrealismo; el cine es hermano del psicoanálisis y del ilusionismo; los fantasmas y los sueños están, por lo tanto, inscritos en lo más profundo de su Ser. Nada hay más contrario al entretenimiento, que muchos defienden hoy como fundamento del cine, que esa labor de profundización en el trauma, en la identidad y en el inconsciente. Sólo hay dos temas en el cine: el deseo y la muerte; *Éros y Thánatos*, que en el fondo son el haz y el envés de la propia vida. A partir de ahí, tanto los dogmas férreos como la laxa falta de criterios sobran a la hora de entender el cine; como en la propia vida, una mezcla de experiencia, preparación e intuición son todas las armas con las que el cinéfilo debe enfrentarse a un jardín de los senderos que se bifurcan, gracias al cual puede profundizar en la fantasía de otro, mediante la cual accede a una puerta secreta de su propia mente; ese es el lugar del cine, en cuanto que arte, dentro de Occidente.

Hay algo que atrae y expulsa en el cine; es una mezcla de deseo y repulsión; de irrealidad y ficción, que establece la relación enfermiza entre el espectador y su celoso captor audiovisual. La muerte, como reza la máxima epicúrea, resulta impensable: donde ella está es imposible que esté el sujeto que la experimenta; y, con él, la memoria que muere: yo. Una Nada que lo abarca Todo. De Rimbaud a Lem, pasando por Dick, reconocemos que hay un vacío en el centro del Yo: lo podemos llamar el planeta Solaris, el Hotel Overlook, La Zona o el Paraíso Perdido, si es preciso. Horror cósmico al que Kafka, el más cinematográfico de los grandes escritores (así lo entendió Orson Welles), dará su proyección teológica. El propio Sol se nos aparece de manera esquiva, puesto que, si lo miramos fijamente, el centro nos resulta invisible; por eso es que hoy se quiere tapar el sol, extirpar el corazón, para que la manipulación de ese potencial numinoso resulte estéril… Como el sol, a lo sagrado sólo podemos conocerlo por el reflejo que deja en otros, en forma de "milagros": las sombras mentirosas. Esas que justo al querer tocarlas desaparecen. Fantasmas.

Hay mucho de hipnosis gnóstica en el cine, de ejercicio mágico e incluso chamánico que lleva a los espectadores al fondo de sí mismos, y los confronta a la terrible realidad que habita en su interior. Oscura epistemología que se manifiesta en la revelación esotérica del iniciado y a la que es mejor no despertar. El monstruo de los relatos góticos y de las películas de la Hammer, de Roger Corman o de Val Lewton somos, en definitiva, nosotros.

Foucault escribió: "El campo de aparición del monstruo es jurídico-biológico, combina lo imposible y lo prohibido". Así, *La mosca* (1986), de Cronenberg retoma tanto *La metamorfosis* (1915), de Kafka, como *El increíble hombre menguante* (1956), de Richard Matheson; son revisiones de obras previas como *Sobre el teatro de marionetas* (1810), de Heinrich Von Kleist, de *El Gólem* (1915), de Gustav Meyrink, y de *Frankenstein* (1818), de Mary Shelley. El cine es la actualización de un conjunto de arquetipos atemporales al siglo XX; la mayor cristalización de ese "pensamiento arracional" identificado por Jean Gebser. Con su oclusión, debemos encontrar un nuevo lenguaje prometeico que nos permita arrebatar el Misterio oculto de los dioses.

El mundo nos habla constantemente; lo que quiere decir: ese Misterio oculto está en exterioridad, en sus imágenes y en su música, únicamente en tanto que ilumina una llama de fuego inmortal en nuestro interior: así es como funcionan las sincronicidades, incluso cuando nunca las llegamos a entender. Los monstruos, por lo tanto, somos nosotros cuando tomamos conciencia de nuestra condición, de la Caída, de la mancha fundacional y del trauma constituyente, y nos dejamos poseer por el fantasma que nos habita y acompaña. Escribe Reza Negarestani: "En la tradición elementalista griega, la madre se asocia con Caos, la madre más vieja, la primera madre, que es la diosa del Aire, el Mistmare. Como la primera diosa de los dioses elementa-

72

les, Caos era la abuela o la madre de las otras deidades incorpóreas del aire: la noche, la oscuridad, la luz, el día y otros daimones. Hacer teología rigurosa es perforar el corpus de lo Divino con herejías".

La sociedad norteamericana, aquella mejor retratada por la literatura y el cine contemporáneos, se mueve principalmente entre dos patologías propias de la lógica tribal, heredada de las religiones del desierto (judaísmo, cristianismo, mahometanismo), que el puritanismo re-introduce en Occidente por medio de la mentalidad WASP: la obsesión paranoica retratada por Don DeLillo, el conflicto con la otredad y el legado estudiado por Philip Roth. Es la imposibilidad de convivir con otras cosmovisiones del mundo sin vigilar y castigar; sin dominar o exterminar. Porque el trauma no sólo es personal, sino que también es colectivo: de los tiempos en los que se representó por primera vez *Antígona* o *Edipo* a nuestros días.

A todo ello se añade el problema de nuestro trayecto maltrecho, tras el fin de los grandes relatos y el desarrollo de la tecnología; en nuestro avance de la naturaleza a la técnica; de lo arcaico a lo artificial; en nuestro tránsito del simio a la máquina. En palabras de la transhumanista Donna Haraway, "Las nuestras están inquietantemente vivas y, nosotros, aterradoramente inertes". En cuanto que ultracuerpos, replicantes, zombies o vampiros, nuestras representaciones sólo prefiguran la irrupción terrorífica del *cyborg*: una vez más lo numinoso, a la manera de los dioses con forma humana de la mitología griega, nos hablan de nuestra falta y nuestro anhelo en el espejo divinizado de la Otredad excesiva. Jean Baudrillard se preguntó, hace ya varias décadas, que ocurriría el día en que las Inteligencias Artificiales pudieran amar y crear a la manera de los hombres. Obras como *Crash* (1973), de J.G. Ballard, o *Titane* (2021), de Julia Ducournau, hablan, en último término, de las máquinas como productoras de deseo sin caer en la gazmoñería de *Her* (2013) o de *Ex Machina* (2015); y ese es, al menos *a priori*, el problema más complejo al que debemos enfrentarnos en el futuro.

Algo en buena medida prefigurado en películas como *Metrópolis* (1927), de Fritz Lang, o *Blade Runner* (1982), de Ridley Scott. La pregunta de la Modernidad es la de Descartes: ¿existe el mundo cuando sólo puedo afirmar mi propia existencia?; la pregunta de la posmodernidad es la de Dick: ¿soy humano cuando sólo puedo afirmar la falsedad de las imágenes con las que me cautiva el mundo? Tanto el problema histórico con la condición posmoderna como el problema íntimo con el trauma de lo numinoso transitan en nuestra época de la duda metódica de Descartes a la duda mnemónica de Dick, camino rastreable en *El show de Truman* (1999), *Minority Report* (2002) y *Desafío total* (1990). Una vez más, las sombras de la caverna y nuestra toma de conciencia de ellas, en cuanto que sujetos poseedores de auto-consciencia, nos devuelven a un tiempo neo-barroco. Una época en la que las fantasmagorías siguen vivas, a pesar de que hayamos abandonado la sala a oscuras.

Una transición macabra

Tras la estela del propio Weir, así como de importantes cineastas británicos como Terry Gilliam, Ken Russell y muy especialmente Nicholas Roeg, el cine norteamericano de finales de los años 70 pareció abrir una etapa final en su hermetismo, tras el fin de la Edad Dorada y la destrucción del Nuevo Hollywood, por medio de dos películas fascinantes: *Tres Mujeres* (1977) y *La novena configuración* (1980). Curiosamente ambas nacen de un sueño.

William Peter Blatty era un guionista de comedias proveniente de un entorno familiar desestructurado que cambió el rumbo de su vida tras un encuentro con el Diablo. De esa experiencia, según él real, nació la novela que acabaría alumbrando una de las películas más terroríficas de todos los tiempos: *El exorcista* (1973). Descontento por la adaptación de su obra literaria, acabó por ponerse tras las cámaras en una de las películas más misteriosas, *The Ninth Configuration*, una historia de profundo trasfondo religioso donde se parte de una premisa shakesperiana en la

que aparece Hamlet fingiendo estar loco para no enlo-
quecer.

La película cuenta la historia del coronel Hudson Kane,
excombatiente de Vietnam enloquecido por la guerra, que
llega a un castillo medieval reconvertido por el Gobierno
en institución psiquiátrica, para dirigir un manicomio
donde él está más loco que sus pacientes, de los que no se
sabe si de verdad han enloquecido o si sólo fingen no estar
cuerdos. Allí trabará amistad con un piloto de la NASA
que se negó a viajar al espacio, para acabar encarnando,
como ya ocurriera con el Padre Karras, un sacrificio crísti-
co en nombre de la comunidad. Sin embargo, ni su pará-
bola sobre la fe ni su relación con MK-Ultra y otros proyectos secretos son excusas suficientes como para reducir
la complejidad de la película a una simple alegoría. Y eso
es gracias a su inmenso potencial onírico.

De la misma forma, el joven Robert Altman plasmó en
celuloide un sueño que tuvo mientras su mujer, Kathryn,
estaba hospitalizada a causa de una úlcera, tres años antes
de que se estrenara la ópera prima de Peter Blatty. El resul-
tado fue *3 Women*, obra clave del cine independiente norteamericano sin la que no se entenderían algunas de sus
cumbres más recientes: *Inland Empire* (2006), *Synecdoche,
New York* (2008) y *Beau tiene miedo* (2023).

La trama de *Tres Mujeres*, esa *rara avis* en la densa filmografía de Altman: habla de vidas difuminadas, tiempos

superpuestos e identidades que se solapan… En una película donde los colores, los espejos, los gemelos y el agua son tan protagonistas como cualquiera de los personajes que vemos en pantalla, encarnados por Shelley Duvall, Sissy Spacek y Janice Rule. Pinky Rose es una ingenua joven proveniente de Texas que se traslada al desierto de California, en Palm Springs, para trabajar en un geriátrico donde conocerá a Millie, una mujer mucho más "liberada" a la que tratará de acercarse y más tarde vampirizar. Ambas vivirán en un complejo de edificios a cargo de Willie, una mujer embarazada que pinta imágenes míticas de carácter femenino en las que descansa el significado oculto de la película.

Willie es la menos presente y también la más relevante de las tres mujeres que dan título a la película; Millie, vestida de amarillo en todo momento, resulta invisible para todas las personas de su entorno, especialmente para los hombres, y llena ese vacío consumiendo compulsivamente productos precocinados y leyendo revistas de moda a la manera del personaje de Grace Kelly en *La ventana indiscreta* (1954); y Pinky, ataviada de color rosa en un juego constante con su nombre, protagonizará el "sacrificio" que divide en dos mitades la película, arrojándose sobre la figura de una ondina grabado en el fondo de la piscina, un guiño, quizás, a la vía húmeda de la iniciación, para a continuación desplegar su sexualidad a imitación de Millie, que a cambio quedará relegada a un lado, mientras que Pinky asume el nombre de Mildred y se transforma en una verdadera *femme fatale* hasta el desconcertante y paradójico final de la película.

Ni siquiera el propio director fue capaz de revelar el significado que tiene ese extraño final: ¿ha sido todo un sueño?, ¿es un ciclo cósmico en eterno retorno?, ¿son todo figuras atrapadas en el tiempo?, ¿es un solo personaje desdoblado en tres planos distintos?, ¿cuenta la historia de un asesinato narrada desde una perspectiva original?, ¿o se trata acaso de una crónica familiar contada desde un punto de vista insólito? En varias ocasiones posteriores al estreno de *Tres Mujeres*, Altman declaró que él mismo se sentía un espectador más de la película, por ende, incapaz de cerrar el significado de la misma, a la que jamás había podado dejar de percibir como una plasmación externa del sueño que le acosó una noche en la que su mujer permaneció ingresada en el hospital. Y de ese sueño, como en el caso de *Picnic en Hanging Rock*, nace una película que marcó un antes y un después en el devenir del cine hermético.

Pocos directores han trabajado como Kubrick con los temas decisivos de nuestra época desde una óptica abiertamente hermética, gnóstica y esotérica. El personaje de Peter Sellers como pederasta en la adaptación de *Lolita* (1962) está interpretado por el mismo actor que encarnaría a distintos miembros del complejo-militar-industrial en *Dr. Strange Love* (1964). Y qué decir de películas tan obvias como *La naranja mecánica* (1971) o *Eyes Wide Shut* (1999). O de una película como *El resplandor* (1980), donde el padre de familia enloquecido llama "luz de mi vida" a su mujer antes de querer matarla, en el marco de una historia que en realidad trata sobre el Minotauro y el Laberinto. También *La chaqueta metálica* (1987) alude a la despersonalización empleada con fines asesinos por el Gobierno, en el marco de la Guerra de Vietnam. Estaba claro, como afirmaban muchos conspiranoicos empeñados en hablar de la realidad del alunizaje, que Kubrick, ese hombre obsesionado con realizar una película sobre Napoleón, sabía demasiado.

Como el cine de David Lynch, el de su maestro Kubrick es, en cierto sentido, una denuncia de las oscuras perversidades que se esconden en el mundo de quienes modelan el imaginario de la mayoría de la humanidad. Es una forma de denunciar las extrañas redes de grupos secretos, ritos sacrificiales y pederastia que, como lleva años apuntándose en las redes conspiranoicas de Norteamérica, dominan en buena medida a la élite oligárquica de ese mismo país. El extraño final, acontecido en 1981, de la actriz Natalie Wood, protagonista de *Rebelde sin causa* (1955) o de *West Side Story* (1961), es un ejemplo de ello.

Quizás el caso más famoso de lo anterior es, a pesar de todo, el de la aspirante a actriz Elizabeth Short, más conocida como la Dalia Negra, que ha inspirado, desde el año 1947, a artistas de la talla de James Ellroy en *Mis rincones oscuros* (1996) o el citado Lynch en *Carretera perdida* (1997). En el caso de Short, están involucrados numerosos ámbitos: desde la moda y la publicidad, gracias al fotógrafo vanguardista Man Ray (ahí están sus obras *Black Widow*, de 1915, o *Minotaur*, e incluso *Les amoreux*), como a su amigo, el doctor de origen judío y aficionado a las fiestas con actrices George Hill Hodel.

Estos asesinatos rituales no son nuevos ni acabaron entonces: antes estuvo Jack el Destripador, relacionado con la Masonería en Inglaterra, y más tarde encontramos al Asesino del Zodiaco, vinculado con los proyectos de control mental implementados por el fundador del Templo de Set, Michael Aquino. La propia Sue Lyon, actriz principal de la adaptación de Kubrick de Lolita con guión del propio Nabokov junto con Southern, está muy relacionada con estos círculos de explotación sexual en Hollywood. La costa de California está llena de crímenes terribles llenos de misterio y relacionados con sacrificios rituales: los asesinatos en 1969 de Sharon Tate y otros en Cielo Drive a manos de "La Familia" de Charles Manson, los crímenes sin resolver del Cotton Club, en 1983, o los de Laurel Canyon, en 1981 –también, pero ya en Nueva York, la muerte de John Lennon en 1980 a las puertas del edificio The Dakota– son pruebas de que la ficción sobre pederastia y especulación incluida en la película de Roman Polanski *Chinatown* (1974), o la ficción sobre satanismo y Hollywood incluida en la obra del mismo director *La semilla del Diablo* (1968), no son mera ficción.

Laura Palmer, la mujer asesinada de *Twin Peaks* (1990), no es una ficción sin más: toma el nombre de una película de Otto Preminger se inspira en sendos casos reales; y, sobre todo, sirve de espejo para los nuevos casos cargados de misterio que tienen lugar en los últimos años: la muerte de Mollie Cecilia Tibbetts y Bonny Lee Bakley son ejemplos de ello. El mundo de la vigilancia y la terapia generalizadas estaba en marcha. Sin el uso interesado de la droga, el control mental, los nuevos cultos, la cultura popular y las tecnologías incipientes, algo así jamás habría sido posible. Se puede decir que Manson y los demás integrantes de La Familia fueron el chivo expiatorio, a pesar de su innegable culpabilidad directa, una suerte de entrega sacrificial para eliminar el *potlatch* subversivo de la contracultura identificada por Theodore Roszak, haciendo retornar, con ello, a la sociedad occidental, hacia el paradigma de control del que no ha sabido escapar desde entonces. Las nuevas generaciones fueron pastoreadas por el rito de iniciación homicida más conveniente para el Poder.

Fotograma de *Stalker* (o *La Zona*),
película de 1979 dirigida por Andréi Tarkovski

Fotograma de *Picnic at Hanging Rock*,
película de 1975 dirigida por Peter Weir

Fotograma de *Melancolía*,
película de 2011 dirigida por Lars von Trier

Fotograma de *Eyes Wide Shut*,
película de 1999 dirigida por Stanley Kubrick

Hay tres temas de carácter "social" en el cine de Kubrick: la violencia, el sexo y el dinero como correlato del poder. Según Miguel Naveros, autor de *La ciudad del sol*, una ficción puede ser cervantina o shakesperiana, atendiendo al estrato social de sus protagonistas: nobles o plebeyos; ricos o pobres. *Eyes Wide Shut* (1999), qué duda cabe, pertenece a la segunda clasificación, puesto que trata sobre hombres de dinero (de poder): la burguesía y sus vicios es una constante en el filme. De hecho, el tema de la película es la fantasía o, por mejor decir, el deseo entendido como impulso. Todos los coqueteos y las riadas de deseo de Bill Harford (Tom Cruise) son puras fantasías sin consumar; algo que la emparenta con el cine de David Lynch: *Carretera Perdida* (1997) o *Mulholland Drive* (2001) guardan no pocas similitudes con la cinta póstuma de Kubrick.

Al final de la película Alice (Nicole Kidman), su mujer, le dice: "para siempre no", ante la propuesta de él de un amor eterno, porque esa es la gran fantasía sin parangón. *Eyes Wide Shut* es una de las películas más fascinantes de la Historia del Cine y, por tanto, una de aquellas sobre las que más tonterías se ha dicho. Trataremos de superar con creces dicho escollo en nuestro análisis que, en ningún caso, aspira a ser cerrado o coherente –aunque tampoco quiere ser una apología de lo contrario– en todos sus planteamientos, porque no creemos que la propia película siga tampoco ninguna de dichas máximas. No deja de ser un sueño. Como dijo Eugenio Trías, "*Eyes Wide Shut* demuestra que la única interpretación posible de una obra de arte es siempre otra obra de arte".

En la película de Kubrick la erótica es constante de forma explícita; pero también de forma implícita: vemos una escena de sexo en la calle y, sobre todo, como esa escena atormenta y exalta las imágenes mentales que Harford/Cruise, presa de la fantasía, proyecta de su mujer con un militar: una fantasía de ella que él ha pasado a asumir de forma masoquista. Además, se sugiere que la camarera que indica el Hotel donde se aloja el pianista lo conoce porque ha tenido sexo allí con él... Ya que, ¿de qué lo iba a conocer en caso contrario? En el velatorio la mujer dice: "Es demasiado irreal". Es una de tantas ironías colocadas por Kubrick en la película, así como una advertencia, compartida por la propia dupla protagonista, sobre la realidad de lo que estamos viendo en pantalla después del consumo del porro al poco de empezar la película. Dicho canuto permite entrar en el sueño a Hartford junto a su mujer: dos viajes oníricos distintos, aunque nosotros seguimos, en cuanto que espectadores, al hombre (lo masculino), con el que Kubrick quiere que nos mimeticemos. El espejo representa la dualidad, lo otro, la alteridad, la Otredad.

Un escritor asexual, a la manera de Henry James o de Salvador Dalí, como lo fue Jorge Luis Borges, dejó escrito en su fascinante relato *Tlön, Uqbar, Orbis Tertius* que "Los espejos y la copula son abominables, porque multiplican el número de los hombres". La asociación de la cópula con los espejos es muy acertada tal y como lo expresa el argentino, por el juego de dos cuerpos que se vuelven uno, así como por la capacidad multiplicadora de placer que tiene el espejo a ojos de unos amantes que se ven clonados por él. Ese simbolismo constante, que tiene el efecto de desconcertar al espectador medio, va unido a la épica de un viaje tan dantesco como homérico, puesto que es una travesía que culmina con un *nóstos* o vuelta al hogar, con el sexo como símbolo de reconciliación de lo que estaba separado, precisamente a causa del deseo, del impulso, del *daimón* socrático. También Odiseo flirtea y hasta cópula durante décadas con las diosas (véase: Calipso) durante su viaje, antes de regresar a Ítaca, donde le aguarda la paciente Penélope. Sin saber si ella alguna vez le ha sido infiel.

Eloy Fernández Porta es uno de los pensadores que más ha reflexionado sobre el "capitalismo emocional", esto es, la programación por parte del sistema de nuestros impulsos más íntimos. Tanto en la destrucción del cine de autor como en la configuración privada del deseo, la industria de la pornografía ha tenido un papel relevante. Especialmente si hablamos de la desaparición de las salas de cine para imponer, a cambio, un visionado privado de las películas, en este caso pornográficas, volviendo así a la primera intuición comercial de Edison.

Nada como la intimidad para desinhibir aquello que en lo social se encuentra fuera de lugar. Creyendo seguir patrones íntimos, se siguen patrones sistémicos adaptados a cada caso. El fin de las utopías colectivas de la Modernidad ha dejado su lugar a las utopías privadas de la posmodernidad; y, paradójicamente, eso nos ha sumido en una homogeneización llena de excentricidad y variedad superficiales, pero idéntica en su fondo nihilista y hedonista, en el peor sentido de ambos términos. La consecuencia de la sexualidad virtual sobre la sexualidad real (¿de verdad real?) es clara: una reducción apabullante de Eros y, como han augurado Foster Wallace o Fisher, la desaparición casi total de uno de los grandes valores europeos, como es el amor tal y como se comprende a partir de la obra medieval de, entre otros, Dante Alighieri y sus continuadores en el Renacimiento.

El nuevo paradigma tecnopolítico ha traído consigo la pulverización del sujeto cartesiano-moderno. El Yo posmoderno, de nuevo cuño, se opone al Yo posromántico, embriagado de su propia y marchita subjetividad. El debilitamiento intelectual y mental de lo humano, a través de numerosas psicopatologías, permite fundir al hombre en la máquina, humillarlo ante la potencia de la Inteligencia Artificial. El Yo posromántico es el *Dasein*, que habilita la reflexión en torno al límite, separando Naturaleza y mente; mientras que el Yo posmoderno se define precisamente en la negación de los límites, en la pretendida confusión entre mente y tecnología. La hiper-estimulación, supuestamente controlada por el usuario, necesariamente le desborda y le domina. Imponiéndole, en la aparente variedad, una homogeneidad constreñidora y alienante. El sujeto posmoderno sucumbe a los estímulos lanzados por el Sistema; mientras que el posromántico se embosca ante la andanada de estímulos que pretenden subyugar su capacidad de emoción.

Baudrillard certificó décadas atrás que la pantalla ha dejado atrás al espejo: "Nosotros y nuestro cuerpo ya solo seríamos el miembro fantasma, el eslabón débil, la enfermedad infantil de un aparato tecnológico que nos domina de lejos, así como el pensamiento solo sería la enfermedad infantil de la inteligencia artificial, o el ser humano la enfermedad infantil de la máquina, o lo real la enfermedad infantil de lo virtual". Ya no hay dos "lados", como en la célebre fábula de Lewis Carroll, sino un mismo plano que ha devenido, al tiempo, simulación y realidad; en otras palabras: un mundo hiper-real. Por eso el Espectáculo domina la realidad. Como en una versión actualizada de *Videodrome* (1983), el móvil ha invadido el mundo. El dispositivo digital ha rebasado la pantalla para confundirse con el exterior del Cosmos.

La pornografía reduce erotismo a impulsos y satisfacciones y la lógica del beneficio sustituye al amor en los afectos. En el momento en que las mujeres dominan la concepción mediante el empleo de anticonceptivos, el sexo se encuentra desarticulado. Y la implementación de la realidad virtual adelanta la aparición de otro nuevo tipo de fantasmas, los virtuales, de los que el espectador se puede enamorar de una forma hiper-real, como ocurre en *Blade Runner 2049* (2017) o en *Her* (2013). Los impulsos naturales del cuerpo se encuentran sincronizados con el mundo digitalizado donde todo está a la venta, incluidos los cuerpos de los otros, a través de *webs* de citas adaptadas al gusto de cada cual, o incluso de simulaciones virtuales perfectamente diseñadas, mediante el empleo de algoritmos, para satisfacer las fantasías más ocultas de cada usuario.

La inversión de lo sagrado

Casi un siglo después de la muerte de Howard Philips Lovecraft, su obra resulta más válida que nunca. En buena medida antecede y excede el siglo XXI. A través de su mitología gnóstica, de claras implicaciones herméticas, que pretende superar el nihilismo, hallamos un mundo donde el existencialismo casa con la "filosofía oculta"; lo arcaico se reúne con lo futuro; lo arqueológico se abraza con lo cartográfico. Gracias a discípulos tan destacables como Ligotti o Cadin; alimentando nuevas escuelas filosóficas como el tan sobrevalorado "realismo especulativo" que, sin embargo, merece toda nuestra atención.

Aquello que, en su tiempo, un siglo atrás aparecía bajo la forma de una incomprensible pesadilla alucinada, hoy es plenamente realista; más bien profético, dirían las voces del desierto. Lo mismo ha sucedido con la obra de William Burroughs, Philip K. Dick, J.G. Ballard, David Cronenberg y, remontando el río del tiempo, con Calderón de la Barca. Describen como nadie el presente terrorífico que nos ha tocado en suerte. Nick Land escribe: "La historia del capitalismo es una historia de horror".

Todos somos el Doctor Jekyll y el Señor Hyde allá donde reina el Capital: su esquizofrenia también es la nuestra. Otros muchos así lo han señalado: de Deleuze a Negri, pasando por un sinfín de nombres. Porque todo ordenamiento de la realidad que no sea anarquista resultará totalitario, y el del Capital lo es. En grado extremo. A un nivel tan profundo como el de las grandes religiones monoteístas del desierto. Su dogma es el consumo; su ídolo, la publicidad; su mitología, el espectáculo; y su escatología, la felicidad universal situada al término de la historia. En contra de esa Catedral universalista, como acertadamente la ha denominado Curtis Yarvin, sólo caben los anarquistas, los herejes, aquellos que sitúan dentro de un gigantesco marco de escepticismo toda noción de conocimiento de la realidad o de especulación a través del lenguaje. Nosotros somos esos hijos bastardos de lo Absoluto que siguen tras la pista del Misterio. Para ellos, ni los dioses del desierto ni las ideologías del pecado son válidas. Aceleracionistas, batallan por un Caos presente que podrá habilitar la aparición de un Orden futuro.

Cibernética, tecno-ciencia y demás procesos del desarrollo que han llevado a esta fase avanzada de la Modernidad post-industrial son el horizonte especulativo del escritor extraterritorial. Buena parte de las humanidades y de la literatura de nuestro tiempo sólo hace acelerar su obsolescencia, conforme decide ignorar la revolución tecno-científica que lleva décadas en proceso y que, previsiblemente, seguirá así durante una cantidad de tiempo semejante e incluso superior. Sin olvidar la necesaria arqueología del sustrato común: así han trabajado, por ejemplo, Lovecraft, Dick o Cronenberg; realizando una labor alquímica de unión de contrarios: lo ancestral y lo técnico; lo orgánico y lo artificial. Algo parecido a una neo-tradición a la vez perennialista y post-moderna. Algo que, fuera del contexto artístico, en su versión exotérica o degradada, adquiere un peligro terrible: la TechGnosis de Erik Davis, que no es sino otra forma de llamar a la Mátrix denunciada por los hermanos Wachowski. Sólo la imaginación es capaz de desprogramar al *cyborg*.

Una vez desmantelada la trascendencia, y con el arte prácticamente encapsulado por entero en la melancolía surgida del sinsentido, el cine ha ahondado en los límites del cuerpo en clave neo-barroca. Ningún cineasta ha sabido preguntarse, sin embargo, por la consistencia de la condición humana en tiempos posthumanos como David Cronenberg. Su cine es una exploración del deseo y de la belleza que abarca desde el erotismo provocado por los coches hasta la antropofagia alimentada por la pasión sexual.

Su última película hasta la fecha, *Crímenes del futuro* (2022), o su primera incursión directa en el mundo de lo novelesco, *Consumidos* (2014), son lúcidos retratos de nuestro tiempo y de nuestra condición. En sus ficciones confluyen por igual las pulsiones animales y los delirios transhumanos; el miedo a la muerte y el anhelo de vida; lo grotesco y lo científico, lo trágico y lo paródico, lo atávico y lo tecnológico, se anudan de manera inextricable en un cine que ha bebido con acierto de géneros populares como el terror, la ciencia-ficción o el *pulp*; así como de algunos ámbitos característicos de nuestra época como la televisión, la publicidad, la moda o la cirugía, siempre desde una comprensión posmoderna.

Las respectivas filmografías de Polanski, Kubrick y Cronenberg, ideadas décadas atrás en clave especulativa y desde universos artísticos muy personales en cada caso, han adquirido en pleno siglo XXI un aura de realismo pleno; por lo tanto, las películas antes mencionadas que han seguido su estela adquieren el estatus de documentos históricos de la realidad presente, reduciendo al mínimo toda noción no-mimética y abrazando plenamente la condición real que ha adquirido el simulacro. En otras palabras: lo pesadillesco se ha vuelto realista cuando la realidad ha devenido en un mal sueño.

Cuentos terroríficos

Aplicar el término "ideología" a una determinada estética revela, igual que cuando hablamos de la teología o de la filosofía de una obra de arte, que en ella todo elemento conforma una matriz autónoma de mayor o menor envergadura que a su vez se inserta orgánicamente en una mirada más amplia sobre el mundo. Nada es, por lo tanto, casual ni fortuito en ella puesto que nos comunica algo sobre el paradigma al que pertenece.

En su ensayo *Las palabras y las cosas* (1966), Michel Foucault señala que la filosofía crítica y el concepto de ideología nacen en el mismo punto de la historia moderna; y en ese origen histórico tan ligado a la esencia de las palabras y los conceptos está también su crisis de significado, el germen de la desconfianza hacia esas mismas palabras y conceptos: "La representación está en vías de no poder definir ya el modo de ser común a las cosas y al conocimiento. El ser mismo de lo que es representado va a caer ahora fuera de la representación misma". *Íncipit* deconstrucción: la ideología nace de un cambio epistemológico profundo, y es ahí donde comienza quizás una nueva etapa en la que la desconfianza del hombre moderno por el lenguaje es suplida por aquello que Heidegger determinó con penetrante lucidez: el avance del mundo –y, por lo tanto, también de nuestras representaciones de él– como imagen.

La estética es, pues, una forma destacada del pensamiento moderno ligada a la representación, a las formas ideológicas dominantes y a las cuestiones intelectuales fundamentales de las sociedades en la última Modernidad; pero es sobre todo a partir de la obra de Goethe, Schiller, Fichte, Schelling, Novalis y otros que la estética resulta, más allá de un fenómeno colectivo, la puesta en escena de un sistema de pensamiento personal que, por medio de la recepción, entra en diálogo con la sociedad en la que se encuadra, con el futuro hacia el que está lanzado y con el mundo al que pertenece.

Uno de los inicios más sugestivos del cine reciente es, precisamente, el de *Terciopelo Azul* (*Blue Velvet*, 1986), de David Lynch, que marca una transición dentro del cine del propio director, cuya imagen más inolvidable es el encierro del agente Cooper, el protagonista de *Twin Peaks* (1990), dentro de la Logia Negra que trataba de combatir. Es la victoria del Mal encarnado por Dennis Hooper, Robert Blake y Frank Silva/Ray Wise. Un Mal que no es convencional ni maniqueo: está también en el interior de sus héroes y, por ende, también en nuestro propio interior.

A partir de ese momento, el cine de Lynch se volverá cada vez más gnóstico y desesperanzado, partiendo de la secuencia inicial a la que acabamos de aludir y que comienza presentando la vida en un típico barrio residencial estadounidense, al menos tal y como éstos nos han llegado a través del cine: vallas blancas de madera, flores perfectas en el pequeño huerto del jardín, calles limpias, bomberos paseando amablemente por el vecindario, casas de dos plantas con relucientes coches esperando en la puerta, niños cruzando alegremente por un paso de cebra… La clase de Edén con el que tiene sueños húmedos la clase media desde que la burguesía apareciera en Occidente.

Un hombre cualquiera, demasiado parecido a nuestro padre, riega calmadamente el césped una mañana de verano. Dentro de la casa su mujer bebe a pequeños sorbos una taza de té, mientras mira con distracción en el pequeño televisor una película antigua. De nuevo fuera de la casa, el hombre tira de la manguera de riego que ha quedado atrapada en una rama del rosal. En ese momento cae fulminado al suelo. La manguera sigue disparando con potencia a la nada, y un pequeño perro trata de morder su chorro ignorando al hombre abatido. Un niño se acerca lentamente, sin saber bien qué ocurre. Cambio de plano: la cámara se aleja del hombre, del perro y del agua, y comienza a profundizar dentro del césped… Para revelar la existencia de un conjunto de escarabajos peloteros devorándolo todo poco a poco. Fundido a negro y se nos muestra un cartel con una rubia sonriente en él, que reza: "Bienvenidos a Lumberton". Existen pocas síntesis más perfectas de lo que es el terror.

No sólo el espacio físico del ritual cinematográfico está desapareciendo de manera física, con la clausura de las salas de cine y la desaparición del último rito de Occidente: el visionado de una película en público; también lo está haciendo esa categoría tan cuestionable y artificial como necesaria que es el "cine de autor". La lógica del capitalismo y la lógica de la inteligencia artificial, si es que cabe la diferenciación, se encuentran cada día más cercanas a sustituir la figura del director de películas por un algoritmo o, en su defecto, por un humano que actúa creativamente como tal.

El público hace tiempo ya que cayó en lo mismo; y aquello que no está encaminado a ponerse al servicio del entretenimiento o de la propaganda, es desechado sin contemplaciones en el actual mercado. La industria, como el mundo en el que se encuadra, se encuentra dominada por el inapelable poder de las grandes multinacionales. Por contra, la quietud del arte, esa paralización eterna del tiempo en constante sucesión, resulta más subversivo que nunca en una época donde la hegemonía de cualquier composición artística es la utilidad. Una arquitectura, pues, que refulge entre desechos.

La Historia está hecha de grandes acontecimientos; la literatura, de pequeñas anécdotas. Un ejemplo de ello es *El caballo de Turín* (2011), del húngaro Béla Tarr, una película basada en la vida del hombre que azotó un caballo ante Nietzsche el día que éste perdió la cordura. Cuyo espacio post-apocalíptico puede ser resumido con una frase tomada de otro filme de Tarr, en este caso adaptando la novela *Melancolía de la resistencia* (1989) de su colaborador László Krasznahorkai, como es *Armonías de Werckmeister* (2000): "Todo es ruina. Y todo lo que se construye sólo está acabado a medias. En ruinas, todo está completo".

Como Tarkovsky, Bergman, Kieslowski, Angelopoulos, Erice o Dreyer, Tarr es un maestro en el dominio del espacio-tiempo narrativo. Su técnica está basada en el plano-secuencia y en el monólogo. Si el teórico francés de cabecera en tiempos de la sobrevalorada *Nouvelle Vague*, André Bazin, considera que la cumbre del realismo en cine es el plano-secuencia, encontramos desde una perspectiva opuesta el expresionismo alemán, basado en el montaje y en el cambio de plano, cuya poética podemos sintetizar con una cita del pintor Francis Bacon: "Cuanto más artificial puedas hacerlo, más oportunidades hay de que parezca real". Sin desdeñar ninguna de las dos opciones, aquella que narra desde el absurdo y aquella que narra desde la serie B, existe una evidente relación entre la(s) filosofía(s) del cuerpo y el materialismo gótico.

Así lo han estudiado teóricos como Fisher; y así lo han representado insignes autores de la "nueva carne", tales como Burroughs, Barker, Ballard y Cronenberg. Domenico, el personaje de Erland Josephson en *Nostalgia* (1983), de Tarkovsky, gritaba en la película que se hace necesario retornar al punto de partida. Es lo mismo que se proponía en ese viaje que es *La mirada de Ulises* (*To Vlemma tou Odyssea*, 1995), del citado Angelopoulos, o en la última película de Erice, *Cerrar los ojos* (2023). Una vuelta a lo esencial y más profundo del arte cinematográfico que le toma el pulso en el momento de su cada vez más certificado cierre.

Desde una perspectiva menos litúrgica, amante del cine B por lo tanto, Olivier Assayas también ha tratado en dos ocasiones de hacer un ejercicio análogo al de Angelopoulos a la hora de regresar a la primera mirada del cine. Tanto en su película *Irma Vep* (1996), como en la serie del mismo título realizada en 2022 y protagonizada por Alicia Vikander, Assayas regresa a un filme de culto, *Los vampiros* (1915), en la que el excéntrico director Louis

Feuillade realizó un trabajo equiparable al que realizarían, en cada caso, Dreyer en *Vampyr* (1932); y Murnau en *Nosferatu* (1922). Recuperando la concepción plasmada por Kenneth Anger en ensayos como *Hollywood Babylon* (1959) y en películas como *Lucifer Rising* (1972), Assayas se adscribe a una concepción crowleyiana del cine, en la que el cineasta emerge como chamán, los actores como agentes del caos a la manera de Zaratustra, el rodaje como ritual de magia negra y el visionado como invocación ritual de fuerzas oscuras.

El cine de las últimas décadas se ha prodigado en obras sobre los asesinatos más célebres del imaginario norteamericano contemporáneo: de *Zodiac* (2007), de David Fincher, a *Érase una vez en Hollywood* (2019), de Quentin Tarantino. También Damien Chazelle en su irregular *Babylon* (2022), ha intentado, inspirándose en la crónica de Christopher Isherwood sobre el Berlín de los años 20; y la descripción del estilo de vida depravado que Anger achaca al Hollywood Dorado; crear un poema escatológico, joyciano y pantagruélico, inevitablemente fallido, del cine, justo en el momento de su desaparición.

Como esa vieja fotografía de Jimmy Hoffa que ya no le dice nada a los jóvenes en *El irlandés* (2019), el arte, en general, y el arte cinematográfico, en particular, estrangulado del todo por la industria, la televisión y los productos prefabricados para grupos específicos de espectadores, ha perdido toda su relevancia. Coppola está retirado; Cimino está muerto; Lucas nada en dinero después de haber dirigido seis películas mediocres; Spielberg sigue revalidando el cine que planteó en los años 80; Eastwood, Allen y Palma sobreviven gracias a un escaso público de fieles y nostálgicos que añoran tiempos mejores; David Cronenberg ha vuelto a sus orígenes de "nueva carne" con su reciente *Crímenes del futuro* (2022); David Lynch ha regresado al universo de *Twin Peaks* (1990-2017), confirmando así una larga retirada del largometraje tras una serie de películas terroríficas en torno al propio mundo de Hollywood; y Scorsese sigue filmando obras maestras, ampliando su filmografía y la propia historia del cine, al tiempo que lanzando acertadas diatribas contra la deriva autoritaria de Hollywood, tanto en lo comercial (cine de superhéroes) como en lo moral (imposiciones puritanas).

Tarantino acierta en su ensayo *Meditaciones del cine* al reivindicar el cine rupturista de los años 70 como aquel que debemos recuperar para nuestros días; los creadores artísticos de hoy deben trabajar desde la auto-consciencia más extrema. *El irlandés* es lo más parecido a un *western* crepuscular de Ford que puede hacer Martin Scorsese. Quizás el cine haya terminado, como se ha apuntado de manera insistente aquí, y ya solo quede asistir de manera temporal a nuevas variaciones de lo mismo que ya hemos visto cientos de veces; o, quizás, me esté dejando llevar por un delirio milenarista que es consecuencia del signo de los tiempos y lo mejor, lo más prudente y razonable, sea no hacer juicios tan rotundos para dejar, a cambio, la puerta de la Historia del Cine sin cerrar del todo.

The End

Cuando uno contempla la secuencia inicial de *Persona* (1966) o la escena final de *Sacrificio* (1986); cuando se observa, en silencio, el interrogatorio que un grupo de sacerdotes le hace a una joven en *La pasión de Juana de Arco* (1928), por medio de una sucesión ascética de planos y contraplanos; y cuando se mira la simplicidad de la vida y el paso del tiempo, por ejemplo viendo hervir el agua de una tetera en una habitación vacía, en la película *Cuentos de Tokio* (1953), se entiende la verdadera esencia indescriptible del cine. Así como hasta qué punto sus imágenes, a veces casi indistinguibles de la vida, otras tan imborrables como el más alucinado de los sueños, parecer provenir de una suerte de instante atemporal que aparece siempre cargado de mensajes herméticos y símbolos misteriosos.

Cuando el protagonista masculino de *Anticristo* (Willem Dafoe) le pide a su mujer trastornada (Charlotte Gainsbourg) que se enfrente a los miedos, se genera un espejo con la propia petición que Von Trier se está planteando a sí mismo, y también al espectador. La experiencia pasiva del espectador termina por volverse activa cuando el terror lo sacude en su butaca, el terror provocado por la violencia y el deseo, por la muerte y el sexo. En la alusión que el propio título de la película hace con la obra de Friedrich Nietzsche está la clave de bóveda del filme: el mundo solar-masculino no entiende el mundo nocturno-femenino, y esto es lo que genera una reacción violenta del segundo. Una vez más, el célebre emblema de Goya se hace cierto: los sueños de la razón producen los monstruos del romanticismo; y de esta forma es como la superficie trata de poner orden racional en el conjunto de pulsiones subterráneas que tratan de emerger a la superficie de nuestra identidad.

El cine pretende rebasar las fronteras morales de nuestro mundo perfectamente edificado a través de un desborde generado por las fuerzas ocultas del mismo. Con ello, Von Trier pretende señalar la barbarie de la aniquilación de brujas en el mundo protestante, que con razón le imputa al occidente patriarcal; al tiempo que señala de qué forma la perversidad de lo nocturno produce, a su vez, la gélida frialdad de la razón. *Anticristo* es, pues, una lucha cosmogónica encarnada en sus personajes: lo solar contra lo nocturno, dos fuerzas condenadas a entenderse y a enfrentarse desde esa escenificación mítica del Paraíso Perdido, ese trauma originario con la sexualidad que entraña el prólogo de la película.

Von Trier es un ateo interesado en la filosofía de su compatriota Søren Kierkegaard, que a su vez le ha llegado por medio del cine de uno de los mayores directores de todos los tiempos: Carl Theodor Dreyer. Es evidente que el director de *Bailar en la oscuridad* (2000) ha fracasado en el "salto de la fe", al tiempo que ha contraído una deuda intelectual evidente con el autor de *El concepto de la angustia* (1844), puesto que encuentra en la actitud de "resignación infinita" frente al Ser, frente a lo que es, una vía de encuentro espiritual, esto es, una puerta hacia la trascendencia que está ya en la relación directa con la realidad que nos involucra con Dios: así es como, afirmando la Nada, se logra salvar el abismo que separa al yo de Dios.

Entregarlo todo lo que somos a una Nada que es ideal a partir de lo real se convierte en el mayor acto de amor posible, puesto que, en su contradicción paradójica, casi mística, se revela la verdadera condición sacrificial kierke-gaardiana, que nos conduce hacia un Gran Otro hipotético (la dama lacaniana del amor cortés que Hitchcock actualiza en su filme *Vértigo*): "A un hombre se le exige que haga el mayor sacrificio posible, que entregue toda su vida como un sacrificio. ¿Y con qué propósito? La verdad es que no hay ningún propósito". Dios se encuentra en lo profundo del Caos que niega su existencia.

¿Tiene sentido seguir hablando de la ética del sacrificio en una cosmovisión que se declara ideológicamente atea? No cabe duda de que Von Trier tiene una relación conflictiva con el catolicismo: ateo primero, convertido a la religión de Cristo después, y en último término de vuelta al ateísmo: en sus palabras es cada día más orgullosamente ateo; en cualquier caso, siempre se encuentra pensando con o contra el catolicismo, es decir, siendo cristiano, a la manera nietzscheana, tanto de forma positiva-afirmadora como negativa-refutadora.

La respuesta más evidente de Von Trier frente a Tarkovsky tiene lugar en la película que el danés le dedica al ruso, *Anticristo*, donde el personaje de Willem Dafoe, que ha perdido a su hijo y busca consuelo en la naturaleza junto a su mujer, se encuentra con un animal herido en medio de un paisaje típicamente tarkovskiano. El animal, un pobre zorro moribundo que está desgarrando su propia pata, le grita: "El Caos Reina". El danés, sin embargo, no pretende sencillamente desasosegar por desasosegar o provocar por provocar, como muchos piensan, sino que encuentra en medio de la melancolía un mensaje vitalista. No es casualidad que al protagonista de *Melancolía* tenga un nombre sadiano (Justine), puesto que si la naturaleza está llena de males lo está también de placeres, como afirma el Marqués de Sade en su obra. Refutando a Dostoievski, Von Trier afirma que sin Dios no es que todo esté permitido, sino más bien lo contrario: la ausencia de un sentido trascendente en la Naturaleza es lo que nos obliga a resistir frente a sus embates con dignidad.

Lo que *Melancolía* viene a decirnos es que, incluso en el fin del mundo, estamos a salvo precisamente porque somos insignificantes frente a la despiadada inmensidad de la Naturaleza. Pretende que dialoguemos con esa Naturaleza y, a través de ella, con la muerte proponiendo por ello la libertad del individuo frente a sus límites; y esos mismos límites, como demuestra precisamente en *Anticristo*, se transgreden más que nunca en las relaciones eróticas y sexuales con el Gran Otro hipostasiado y hasta sublimado; encarando así el miedo que la violencia y el sexo abren en nosotros. Puesto que el Caos reina debemos tratar de sobreponernos con una actitud personal fuerte y definida.

Hay una tumba en Japón, dentro del cementerio de Enga Kuji, en la ciudad de Kamakura, que carece de nombre. Todos los días algún paseante se acerca a ella a dejar una botella de *sake* o cerveza en honor del borracho que allí descansa. Ninguna inscripción o fecha destaca en su superficie. Sólo un carácter de escritura japonesa llamado "*mu*", que pretende capturar la ausencia, una suerte de vacío budista, que entiende la Nada como algo mucho más que una mera respuesta nihilista. Pertenece a los restos mortales de uno de los más grandes cineastas de todos los tiempos, Yasujiro Ozu, que consagró su obra a captar, a partir de la sencillez y el retrato de lo concreto, por medio de un abrazo entre el espacio y el tiempo fílmicos, con una mirada limpia, casi transparente, incluso mística, acerca de la condición humana, la pureza del despojo.

Resulta imposible de imaginar a un niño del siglo XXI emocionado con su trineo a la manera de Charles Foster Kane. Leamos a Lao-Tsé decir que "la verdadera plenitud parece vacía, pero su presencia es plena", porque suya es la lección final del cine hermético: es en la sombra, en el silencio final, donde la expresión se sublima para decir aquello que resulta apofático y, por lo tanto, místicamente nos enmudece. Dejando que sea a cambio la cámara quien exprese esta vez lo que es inefable y nos trasciende.

Toda la simplicidad expresiva del cine queda contenida en esa Nada que lo dice Todo, en el fragmento de belleza que nos religa con el Uno que todo lo contiene, imponiendo a cambio una suerte de tranquila serenidad en el espectador. Es algo que encontramos en el cine de Ozu, de Dreyer, de Bresson o del propio Griffith: donde un árbol, al decir de Andrew Sarris, es siempre más que un árbol. Se convierte en un símbolo del Bien y del Mal, de la Vida y la Muerte, de lo Eterno y lo Efímero, gracias a la capacidad simbólica de su profundidad espiritual; y gracias también a una suerte de armonía cósmica que se abre, para aquellos que hemos perdido el sentido espiritual propio de la pre-

Modernidad, por medio de la mirada redentora del cine hermético, hasta alcanzar un ideal de Belleza que por mucho tiempo se creyó perdido.

Fotograma de *Blue Velvet*,
película de 1986 dirigida por David Lynch

BIBLIOGRAFÍA NECESARIAMENTE INCOMPLETA

-ANGER, Kenneth (1985): *Hollywood, Babilonia* (T.1), Tusquets.
-ALEXANDRIAN (2014): *Historia de la filosofía oculta*, Valdemar.
-BAZIN, André (2023): *¿Qué es el cine?*, Ediciones Rialp.
-BISKIND, Peter (2009): *Moteros tranquilos, Toros Salvajes*, Anagrama.

-CABRERA INFANTE, Guillermo (2021): *Cine o sardina*, Debolsillo.

-DIDION, Joan (2012): *Los que sueñan el sueño dorado*, Random House.

-DUMÉZIL, George (2017): *Mito y epopeya* (T.1), FEC.

-ELIOT, T.S. (2017): *Poesía Completa* (T.1), Visor.

-FARETTA, Ángel (2021): *El concepto del cine*, A Sala Llena.

-FISHER, Mark (2019): *K-Punk* (T.1), Caja Negra.

-FONT, Domènec (2012): *Cuerpo a Cuerpo*, Galaxia de Gutenberg.

-FOSTER WALLACE, David (2001): *Algo supuestamente divertido que nunca volveré a hacer*, Random House.

-FRANK, Thomas (2019): *La conquista de lo cool*, Alpha Decay.

-GUÉNON, René (2022): *La crisis del mundo moderno*, Obelisco.

-HUIZINGA, Johan (2005): *El otoño de la Edad Media*, Alianza.

-IMBERT, Gérard (2019): *Crisis de valores en el cine posmoderno*, Cátedra.

-KING, Stephen (2016): *Danza Macabra*, Valdemar.

-MAS ARELLANO, Guillermo (2023): *La traición de los europeos*, La tribuna del País Vasco.

-NEGARESTANI, Reza (2020): *Ciclonopedia*, Materia Oscura.

-PAGLIA, Camille (2020): *Sexual Personae*, Deusto.

-PALACIOS, Jesús (2023): *Satán en Hollywood*, Valdemar.

-ROSZAK, Theodore (2017): *Parpadeo*, Pálido Fuego.

-SCHRADER, Paul (2015): *El estilo trascendental en el cine*, Ediciones JC.

-TARKOVSKY, Andréi (2013): *Esculpir en el tiempo*, Rialp.

-THIELLEMENT, Pacôme (2020): *Tres ensayos sobre Twin Peaks*, Alpha Decay.

-THOMSON, David (2008): *La verdadera historia de Hollywood*, T&B Editores.

-TRÍAS, Eugenio (2013): *De cine*, Galaxia Gutenberg.

-WILSON, Colin (1974): *Lo oculto*, Noguer.

-YEATS, William Butler (2021): *Autobiografías*, Reino de Cordelia.